AF311781

# POÉSIES

DE

## MADAME LA COMTESSE

# DE SALM.

# POÉSIES

De

## Madame la Comtesse

# De Salm.

A Paris,

De l'Imprimerie de F. Didot,

A sa Librairie, rue Jacob, n° 24.

1811.

# AVERTISSEMENT.

Je crois devoir entrer ici dans quelques détails sur mes différents ouvrages, et principalement sur ceux que je fais paraître de nouveau dans ce volume, qui ne renferme qu'un choix de mes poésies.

Voulant offrir d'abord à mon Lecteur ce qui m'a paru le plus digne de fixer son attention, j'ai commencé ce recueil par mes Epîtres; cependant mon premier grand ouvrage est l'Opéra de Sapho, qui a été joué en 1794, et qui a eu un grand nombre de représentations, dues aussi sans doute à la belle et savante musique de M. Martini. Encouragée par ce succès, j'ai fait, après cet opéra, ou plutôt cette tragédie lyrique, une pièce en cinq actes et en vers, qui a été représentée au Théâtre Français. Le sujet, choisi avec trop de précipitation, ayant jeté de la défaveur sur cet ouvrage, je l'ai retiré du théâtre ; mais je suis dans l'intention de le revoir et de l'y faire reparaître, et c'est pourquoi je ne le mets point dans ce recueil.

Je publiai ensuite mon Epître aux Femmes, qui sembla donner une nouvelle impulsion aux discussions qui s'élèvent sans cesse sur les femmes auteurs, discussions interminables, puisque l'amour-propre et la rivalité en sont la source. L'accueil qu'elle reçut me décida à m'occuper presque uniquement de ce genre d'ouvrages, qui, par sa consistance, mérite l'attention des littérateurs. Aussi trouvera-t-on ici un assez grand nombre d'Épîtres. Peut-être le Lecteur remarquera-t-il que dans ces différents ouvrages, et même dans plusieurs autres, je reviens souvent, et avec quelque amertume, sur les inconvénients attachés aux succès et au mérite littéraires. Cela est vrai ; mais s'il pouvait se figurer un instant ce que sont les jalousies et les rivalités de talents, et l'effet qu'elles doivent produire dans une ame droite et entièrement étrangère à ces petites passions, il trouverait bientôt, au contraire, que j'en ai parlé avec modération.

J'ai placé, à la suite de mes Epîtres, des Poésies diverses, qui, pour la plupart, ont été faites dans ma première jeunesse : entre autres, l'Étude, le Bouton de Rose, la Jeune Mère, etc. On ne trouvera pas cependant au nombre de ces poésies plusieurs autres petites pièces du même genre, que j'ai fait paraître, et qui ont même eu quelque succès. Ces bagatelles n'étant faites, en général, que par circonstances, ou pour l'agrément de la société, j'ai cru devoir mettre quelque sévérité dans le choix que j'en ai fait. Enfin, je termine par mon opéra de Sapho, dont j'ai parlé plus haut : je l'ai revu avec soin, ainsi que les différents morceaux dont j'ai formé ce recueil, et j'ai tout lieu de croire que si la critique trouve à reprendre dans ces poésies, elle ne m'accusera du moins ni de partialité, ni de négligence.

Quant à mes ouvrages en prose, qui se composent d'éloges et de discours académiques (1), je me propose de les publier séparément.

(1) Éloge de Sédaine, de La Lande, etc. etc.

# ÉPITRE

# AUX FEMMES.

# AVANT-PROPOS.

Quoique cette Epître ait déja plus d'étendue que n'en ont en général ces sortes d'ouvrages, entraînée par mon sujet, je cède au desir d'y ajouter quelques développements, et d'entretenir mon Lecteur des motifs qui m'ont engagée à la faire.

On l'a dit souvent, je crois pouvoir le répéter : c'est une chose assez étrange que ce soit chez le peuple le plus galant et le plus poli de l'Europe que se trouvent les plus grands antagonistes des femmes qui obtiennent des succès dans les lettres et dans les arts. Dans les autres pays du moins, bien que l'on critique leurs ouvrages, on rend justice à leur mérite, et on respecte leur personne. En Allemagne, en Italie, celles qui se distinguent par leur savoir, ou leurs écrits, inspirent une sorte de vénération ; leurs ouvrages même, accueillis en France, plus heureux que les nôtres, y sont jugés sans passion, et sans qu'un critique amer ou injuste en prenne occasion d'adresser à leurs auteurs ces lieux communs de morale froide et rebattue dont, à nos moindres succès, on remplit les journaux et les livres.

Un homme d'esprit, devant qui je m'étonnais de cette bizarrerie, prétendait que Molière en était la principale cause, et que le ridicule que son génie a jeté sur tant de travers, existant encore, il n'était point étonnant qu'il en fût de même de celui dont il a entaché les femmes savantes ou *savantasses*, sorte de précieuses, qu'on se plaît si souvent à confondre avec les femmes à talent.

Cette opinion paraît d'autant mieux fondée, qu'avant cette époque, il ne semble pas que l'on ait songé à blâmer les femmes qui se livrent à l'étude et aux lettres ; on ne refusait pas à mesdames de Scudéri, La Fayette, Deshoulieres les éloges dus à leurs talents ; on rendait également justice à madame Dacier, malgré les discussions épineuses dans lesquelles elle s'était

imprudemment engagée. Molière même, à qui
ces discussions avaient donné l'idée des *Femmes
Savantes*, ne ridiculisait cependant en nous
que l'affectation du savoir; et le premier de
nos satiriques n'a point fait davantage, bien
qu'il ait été plus qu'injuste envers les femmes
sur les autres points, comme j'aurai occasion
de le redire.

On pourrait conclure de tout ceci, que les
critiques de toute espèce, dont nous sommes
aujourd'hui l'objet, et les tristes railleries dont
on cherche à nous accabler, ne sont qu'une
chose passagère, et dont un esprit sage ne devrait point s'affecter; mais le raisonnement est
insuffisant en pareil cas. La plupart des hommes
eux-mêmes ne voient pas de sang froid cette espèce d'outrage fait à tout un sexe, et il n'est pas
possible d'être à-la-fois femme et auteur, sans
en être vivement blessée : dès-lors, dire ce que
l'on pense, ce que l'on éprouve, défendre ho-
norablement sa cause (dût-on perdre son procès) éclairer enfin ceux qui veulent ouvrir les
yeux, devient un devoir que l'on a dû s'im-

poser, une tâche que l'on a dû remplir, une noble vengeance que l'on a pu se permettre.

Ce sont ces sentiments justes et naturels qui m'ont fait faire l'Epître que l'on va lire. Je l'ai publiée en 1797, dans un moment où quelques circonstances littéraires avaient redonné une nouvelle force à ce genre de discussions, et je ne l'offre de nouveau au public, qu'après l'avoir revue et corrigée avec soin.

Mon Lecteur s'apercevra facilement que j'ai été inspirée par cette ardeur et cet enthousiasme qu'élèvent dans les ames vives et sensibles la conviction de ce qu'elles valent, et la juste douleur de se voir méconnues. J'avouerai même que, dans la chaleur d'un procès dans lequel j'étais juge et partie, j'ai pu mettre un peu de passion dans mon plaidoyer, et ne présenter quelquefois la question que sous le point de vue qui lui était le plus avantageux; mais quel est l'écrivain qui agit autrement? JUVÉNAL et BOILEAU ne passent-ils pas, dans ce genre, toutes les bornes que l'imagination peut se créer, et que le délire poétique peut permettre?

En peignant les femmes sous des couleurs si défavorables, pouvaient-ils se dissimuler que, non seulement le côté du tableau qu'ils nous montraient avait un revers, mais qu'ils ne montraient de ce tableau que la plus petite et la plus déplorable partie?

Je suis loin d'avoir voulu imiter ces fougueux modèles, dont je ne puis même concevoir l'exagération, ou la folle prévention. En présentant au public une opinion favorable aux femmes, j'ai cherché au contraire à l'appuyer de tout ce que le raisonnement, et même le sentiment ont pu me fournir de plus fort et de plus convaincant. Je me suis gardée de confondre dans cette opinion les affections sacrées et inaliénables de la nature, dans lesquelles on se plaît à nous blesser, quelque étrangères qu'elles soient à ces sortes de discussions. Je n'ai point, à l'exemple des satiriques, fait un amas monstrueux des désordres et des défauts inhérents à la faiblesse humaine, et communs aux deux sexes, pour les faire retomber sur un seul; et, si j'en ai indiqué quelques-uns, ce n'a été que sous le rapport de la question que j'agitais, et de la justice que je réclamais; justice dont le seul but est de nous ennoblir à nos propres yeux, et aux yeux d'un sexe dont l'estime est le premier et le plus digne de nos besoins.

Mais c'est au Lecteur à juger par lui-même de la force de mes réclamations. S'il est impartial, s'il ne me lit pas avec un esprit prévenu, j'ose croire que je pourrai le convaincre.

# ÉPITRE

## AUX FEMMES [1].

La colère suffit, et vaut un Apollon.
BOILEAU, Satire I.

O FEMMES, c'est pour vous que j'accorde ma lyre !
O femmes, c'est pour vous qu'en mon brûlant délire.
D'un usage orgueilleux bravant les vains efforts,
Je laisse enfin ma voix exprimer mes transports.
Assez, et trop long-temps, la honteuse ignorance
A jusqu'en vos vieux jours prolongé votre enfance;
Assez, et trop long-temps, des hommes égarés
Ont craint de voir en vous des censeurs éclairés;
Un siècle de justice à nos yeux vient de naître :
Femmes, soyez aussi ce que vous devez être !

Si la nature a fait deux sexes différents,
Elle a changé la forme, et non les élémens.
Même loi, même erreur, même ivresse les guide;
L'un et l'autre propose, exécute, ou décide;

Les charges, les pouvoirs, entre eux deux compensés,
Par un ordre immuable y restent balancés ;
Tous deux pensent régner, et tous deux obéissent ;
Ensemble ils sont heureux, séparés ils languissent ;
Tour-à-tour l'un de l'autre enfin guide et soutien,
Même en se donnant tout ils ne se doivent rien.

L'homme injuste pourtant, oubliant sa faiblesse,
Outrageant à-la-fois l'amour et la sagesse,
L'homme injuste, offensé de partager ses droits,
Veut seul nous imposer des devoirs et des lois ;
Il feint, dans sa compagne, et sa consolatrice,
De ne voir qu'un objet créé pour son caprice ;
Il trouve dans nos bras le bonheur qui le fuit :
Son orgueil s'en étonne, et son front en rougit.
Esclave révolté des lois de la nature,
Ses clameurs, il est vrai, ne sont qu'un vain murmure ;
Mais que, par les mépris dont il veut nous couvrir,
Il nous vend cher les droits qu'il ne peut nous ravir !
Nos talents, nos vertus, nos grâces séduisantes,
Deviennent à ses yeux des armes dégradantes
Dont nous devons chercher à nous faire un appui
Pour mériter l'honneur d'arriver jusqu'à lui.
Il étouffe en nos cœurs la fierté, le courage ;

Il nous fait une loi de supporter l'outrage ;
Pour exercer en paix un empire absolu,
Il fait de la douceur notre seule vertu....
Qu'ai-je dit, la douceur ? Ah ! nos ames sensibles
Ne lui refusent pas ces triomphes paisibles ;
Mais ce n'est pas assez pour son esprit jaloux :
C'est la soumission qu'il exige de nous....
Ingrat ! méconnais-tu la sagesse profonde
Qui dirige en secret tous les êtres du monde ?
Méconnais-tu la main qui traça dans ton cœur
De ton amour pour nous le principe vengeur ?
Voyons-nous, dans nos bois, nos vallons, nos montagnes,
Les lions furieux outrager leurs compagnes ?
Voyons-nous dans les airs l'aigle dominateur
De l'aigle qu'il chérit réprimer la grandeur ?
Non ; tous suivent en paix l'instinct de la nature :
L'homme seul à ses lois est rebelle et parjure.

Cependant le réveil des sens impérieux
Rétablit un instant l'équilibre à ses yeux ;
Le desir, le besoin triomphent du système :
L'homme redevient homme aussitôt qu'il nous aime ;
Défenseur généreux, être sensible et bon,
Il retrouve à-la-fois son cœur et sa raison,

Et, laissant à nos pieds le vain titre de maître,
Il obéit aux lois qu'il vient de méconnaître.
C'est là, dans les transports d'un amoureux lien,
Qu'il voit que sur nos cœurs sa force ne peut rien;
Que notre volonté seulement nous commande ;
Que l'on n'obtient de nous qu'alors qu'on nous demande;
Et que la liberté dont nous nous honorons
N'est point remise aux mains que nous-même enchaînons.

Femmes, ne croyez point que ce soit tout encore.
Trop souvent ce bonheur s'éclipse à son aurore ;
Et l'espoir que l'amour va vous rendre aujourd'hui,
Demain, malgré vos soins, disparaît avec lui.
C'est par des traits plus sûrs qu'il faut montrer aux hommes
Tout ce que nous pouvons et tout ce que nous sommes ;
C'est à les admirer qu'on veut nous obliger ;
C'est en les imitant qu'il faut nous en venger.
Science, poésie, arts, qu'ils nous interdisent,
Sources de voluptés qui les immortalisent,
Venez, et faites voir à la postérité
Qu'il est aussi pour nous une immortalité !
Déja plus d'une femme, osant braver l'envie,
Aux dangers de la gloire a consacré sa vie ;
Déja plus d'une femme, en sa fière vertu,

Pour l'honneur de son sexe, ardente, a combattu.

Eh ! d'où naîtrait en nous une crainte servile?

Ce feu qui nous dévore est-il donc inutile?

Le dieu qui dans nos cœurs a daigné l'allumer

Dit-il que sans paraître il doit nous consumer?

Portons-nous sur nos fronts, écrit en traits de flammes,

*Seules, vous n'êtes rien, puisque vous êtes femmes !*

Un ascendant secret vient-il nous avertir

Quand il faut admirer, quand il faut obéir?...

La nature pourtant aux êtres qu'elle opprime

Donne de leur malheur le sentiment intime :

L'agneau sent que le loup veut lui ravir le jour ;

L'oiseau tombe sans force à l'aspect du vautour....

Disons-le ; l'homme, enflé d'un orgueil sacrilege,

Rougit d'être égalé par celle qu'il protege ;

Pour ne trouver en nous qu'un être admirateur,

Sa voix dès le berceau nous condamne à l'erreur ;

Moins fort de ce qu'il sait que de notre ignorance,

Il croit qu'il s'agrandit de notre insuffisance,

Et, sous les vains dehors d'un respect affecté,

Il ne vénère en nous que notre nullité.


Écoutons cependant ce que nous dit le sage :

« Femmes, est-ce bien vous qui parlez d'esclavage?

« Vous, dont le seul regard peut nous subjuguer tous,

« Vous, qui nous enchaînez tremblants à vos genoux!

« Vos attraits, vos pleurs feints, vos perfides caresses,

« Ne suffisent-ils pas pour vous rendre maîtresses?

« Eh! qu'avez-vous besoin de moyens superflus?

« Vous nous tyrannisez; que vous faut-il de plus » ?

Ce qu'il nous faut de plus! un pouvoir légitime.

La ruse est le recours d'un être qu'on opprime.

Cessez de nous forcer à ces indignes soins;

Laissez-nous plus de droits, et vous en perdrez moins.

Oui, sans doute, à nos pieds notre fierté vous brave:

Un maître qu'on soumet doit devenir esclave.

Mais ce cruel moyen de nous venger, hélas!

Nous coûte bien des pleurs que vous ne voyez pas.

Il est temps que la paix à nos cœurs soit offerte:

De l'étude, des arts, la carrière est ouverte;

Osons y pénétrer. Eh! qui pourrait ravir

Le droit de les connaître à qui peut les sentir?


Mais déja mille voix ont blâmé notre audace;

On s'étonne, on murmure, on s'agite, on menace;

On veut nous arracher la plume et les pinceaux;

Chacun a contre nous sa chanson, ses bons mots.

L'un ignorant et sot, vient, avec ironie,

Nous citer de Molière un vers qu'il estropie ;
L'autre, vain par système et jaloux par métier,
Dit d'un air dédaigneux : *Elle a son teinturier.*
De jeunes gens à peine échappés du collége
Discutent hardiment nos droits, leur privilége ;
Et leurs arrêts, dictés par la frivolité,
La mode, l'ignorance, ou la fatuité,
Répétés en échos par ces juges imberbes,
Après deux ou trois jours sont passés en proverbes.
En vain l'homme de bien, qui toujours nous défend,
Contre eux, dans sa justice, éclate hautement,
Leur prouve de nos cœurs la force, le courage,
Leur montre nos lauriers conservés d'âge en âge,
Leur dit qu'on peut unir grâces, talents, vertus ;
Que Minerve était femme aussi bien que Vénus ;
Rien ne peut ramener cette foule en délire ;
L'honnête homme se tait, nous regarde, et soupire.
Mais, ô dieux, qu'il soupire et qu'il gémit bien plus
Quand il voit les effets de ce cruel abus !
Quand il voit le besoin de distraire nos ames
Se porter, malgré nous, sur de coupables flammes ;
Quand il voit ces transports que réclamaient les arts
Dans un monde pervers offenser ses regards,
Et sur un front terni la licence funeste

Remplacer les lauriers du mérite modeste !
Ah ! détournons les yeux de cet affreux tableau !
O femmes, reprenez la plume et le pinceau.
Laissez le moraliste, en sa folle colère,
Restreindre nos talents au talent de lui plaire ;
Laissez-le, tourmentant des mots insidieux,
Dégrader notre sexe, et vanter nos beaux yeux ;
Laissons l'anatomiste, aveugle en sa science,
D'une fibre avec art calculer la puissance,
Et du plus ou du moins inférer, sans appel,
Que sa femme lui doit un respect éternel.
La nature a des droits qu'il ignore lui-même :
On ne la courbe pas sous le poids d'un système ;
Aux mains de la faiblesse elle met la valeur ;
Sur le front du superbe elle écrit la terreur ;
Et, dédaignant les mots de sexe et d'apparence,
Pèse dans sa grandeur les dons qu'elle dispense.

Mais quel nouveau transport ! quel soudain changement !
L'homme paraît enfin armé du sentiment ;
Il nous crie : « Arrêtez, femmes, vous êtes mères !
« A tout autre plaisir rendez-vous étrangères ;
« De l'étude et des arts la douce volupté
« Deviendrait un larcin à la maternité ».

O nature, ô devoir, que c'est mal vous connaître !
L'ingrat est-il aveugle, ou bien feint-il de l'être ?
Feint-il de ne pas voir qu'en ces premiers instants
Où le ciel à nos vœux accorde des enfants,
Tout entières aux soins que leur âge réclame,
Tout ce qui n'est pas eux ne peut rien sur notre ame ?
Feint-il de ne pas voir que de nouveaux besoins
Nous imposent bientôt de plus glorieux soins,
Et que pour diriger une enfance timide
Il faut être à-la-fois son modèle et son guide ?
Oublieront-ils toujours, ces vains déclamateurs,
Qu'en éclairant nos yeux nous éclairons les leurs ?
Eh ! quel maître jamais vaut une mère instruite !
Sera-ce un pédagogue enflé de son mérite,
Un mercenaire avide, un triste précepteur ?
Ils auront ses talents, mais auront-ils son cœur ?
Disons tout. En criant, *Femmes, vous êtes mères !*
Cruels, vous oubliez que les hommes sont pères ;
Que les charges, les soins, sont partagés entre eux ;
Que le fils qui vous naît appartient à tous deux ;
Et qu'après les moments de sa première enfance
Vous devez plus que nous soigner son existence?
Ah ! s'il était possible (et le fut-il jamais ? )
Qu'une mère un instant suspendît ses bienfaits,

Un cri de son enfant dans son ame attendrie
Réveillerait bientôt la nature assoupie.
Mais l'homme, tourmenté par tant de passions,
Accablé sous le poids de ses dissensions,
Malgré lui, malgré nous, à chaque instant oublie
Qu'il doit plus que son cœur à qui lui doit la vie,
Et que d'un vain sermon les stériles éclats
Des devoirs paternels ne l'acquitteront pas.

Insensés! vous voulez une femme ignorante ;
Eh bien! soit; confondez l'épouse et la servante :
Voyez-la, mesurant ses leçons sur ses goûts,
Élever ses enfants pour elle, et non pour vous ;
Voyez-les, dans un monde à les juger habile,
De leur mère porter la tache indélébile ;
Au sage, à l'étranger, à vos meilleurs amis,
Rougissez de montrer votre femme et vos fils ;
Dans les épanchements d'un cœur sensible et tendre,
Que personne chez vous ne puisse vous comprendre ;
Traînez ailleurs vos jours et votre obscurité ;
On ne vous plaindra pas, vous l'aurez mérité.

Regardons maintenant celui dont l'ame grande
Cherche dans sa compagne un être qui l'entende ;

Regardons-les tous deux ajouter tour-à-tour

Le charme des talents au charme de l'amour.

Qu'un tel homme est heureux au sein de sa famille !

Il voit croître aux beaux arts et son fils et sa fille ;

Écoutant la nature avant de la juger,

Il cherche à l'ennoblir, et non à l'outrager ;

Chez lui l'humanité ne connaît point d'entrave ;

L'homme n'est point tyran, la femme point esclave ;

Et le génie en paix, planant sur tous les deux,

De l'inégalité décide seul entre eux.

O jours trop tôt passés de mon heureuse enfance !

C'est ainsi que mon cœur sentit votre existence ;

C'est ainsi qu'en mon sein vous sûtes imprimer

Ces immuables droits que j'ose réclamer.

Un père généreux, agrandissant mon être,

M'apprit dès le berceau ce que je pouvais être ;

Et du titre de femme en décorant mon front

Il m'en fit un honneur, et non pas un affront.

O toi qui m'animas de cette pure flamme,

De ce séjour de paix où repose ton ame

Jette sur mes travaux un regard bienfaisant,

Et bénis ces transports d'un cœur reconnaissant (2).


Ne croyez pas pourtant, épouses, mères, filles,

Que je veuille jeter le trouble en vos familles,
D'une ardeur de révolte embraser vos esprits,
Et renverser des lois que moi-même je suis.
Il est des nœuds sacrés et d'honorables chaînes ;
Il est de doux plaisirs et de plus douces peines ;
Et cet échange heureux des soins de deux époux
Fait leur bien mutuel et le charme de tous.
C'est l'ordre qui m'irrite, et non pas la prière ;
C'est l'ordre que repousse une ame haute et fière ;
Mais céder à la voix d'un généreux ami,
C'est s'obliger soi-même et jouir plus que lui.

Ne croyez pas non plus qu'en ma verve indiscrète
J'aille crier par-tout : *Soyez peintre ou poëte.*
Je sais que la nature, avare en ses bienfaits,
Nous donne rarement des talents purs et vrais ;
Mais telle, que retient la critique ou l'envie,
Sent au fond de son cœur le germe du génie ;
Et c'est là que mon vers, armé d'un trait vainqueur,
Aujourd'hui, veut porter un transport créateur.
Et quand il se pourrait qu'à ma voix enflammée
Quelqu'autre femme en vain cherchât la renommée,
Lui doit-on pour cela d'injurieux discours ?
L'homme dans ses travaux réussit-il toujours ?

Ne vaut-il donc pas mieux d'une ardente jeunesse
Charmer par les talents la dangereuse ivresse,
Que de la condamner au plaisir dégradant
D'inventer ou proscrire un vain ajustement ?
Oui, l'étude est pour nous un bonheur nécessaire :
On apprend à juger, si l'on n'apprend à faire ;
L'esprit en s'éclairant ne peut que s'annoblir,
Et c'est sur l'ignorance enfin qu'il faut gémir.
Moi-même, osant braver les dangers de la scène,
J'ai marché vers le but où ma main vous entraîne ;
Moi-même, sur Sapho rappelant quelques pleurs,
J'ai suivi ses leçons et chanté ses douleurs ;
Moi-même à mes côtés j'ai vu la sombre envie
Sur mes tranquilles jours porter sa main impie....
Eh ! que font à mon sort ces êtres orgueilleux ?
Mon bonheur est à moi, leurs travers sont pour eux.
Que dis-je ? ils m'ont servie, et plus que des louanges,
Ces ris, ces mots piquants, ces critiques étranges,
En éclairant mes yeux sur mes propres défauts,
Retranchaient à mes torts bien plus qu'à mon repos.

O femmes, qui brûlez de l'ardeur qui m'anime,
Cessez donc d'étouffer un transport légitime ;
Les hommes vainement raisonnent sur nos goûts :

Ils ne peuvent juger ce qui se passe en vous.
Qu'ils dirigent l'État, que leur bras le protége ;
Nous leur abandonnons ce noble privilége ;
Nous leur abandonnons le prix de la valeur ;
Mais les arts sont à tous ainsi que le bonheur.

# ÉPITRE
## A UN JEUNE AUTEUR.

# ÉPITRE

## A UN JEUNE AUTEUR,

Sur l'indépendance et les devoirs de l'homme-de-lettres (3).

Que fais-tu, jeune auteur ? Quelle étrange faiblesse
Te glace tout-à-coup dans ta fougueuse ivresse ?
Par quel abus fatal à ton noble desir
Repousses-tu la gloire, en croyant la saisir ?
Déja plus d'un succès a prouvé ton génie ;
Déja tu joins la verve à la philosophie ;
Déja, riche de peu, tu sais que le talent
Des plaisirs de l'orgueil doit être indépendant ;
Et pourtant, abusé par une erreur commune,
Tu voudrais à ta gloire allier la fortune.
Tu recherches l'éclat, tu brigues la faveur,
Et tu sembles rougir de n'être qu'un auteur.
On te voit, oubliant ta lyre détendue,
T'unir dès le matin à la foule assidue
Qui toujours de Plutus flattant les favoris,

A force de fatigue, en obtient le mépris.

On voit sur ton bureau, que décorait naguère

De tes mâles écrits la feuille libre et fière,

Le brouillon d'un mémoire où le mot flagorneur,

Tracé par la faiblesse, effacé par l'honneur,

Décèle les combats de ton ame alarmée,

Et dément de ton nom la juste renommée.

Que veux-tu? quel espoir t'aveugle en tes souhaits?

Après avoir du riche assiégé le palais,

Et cent fois, d'une main lâchement généreuse,

Acheté des valets l'assistance honteuse;

Après t'être avili dans l'emploi fatigant

D'être agréable au sot, peut-être à l'intrigant;

Quel fruit tireras-tu de ta folle conduite?...

Je veux que le puissant distingue ton mérite,

Je veux plus, je consens qu'il daigne te servir,

Qu'il satisfasse un jour ton orgueilleux desir;

Les richesses, le luxe, et cet amas d'esclaves

De celui qui les paie éternelles entraves,

Dis, tout cela pour toi vaudra-t-il le bonheur

De devoir ton éclat à ta propre grandeur?

De te dire : mon rang sur mon talent se fonde,

Ma gloire ne dépend que de moi dans le monde;

Nul ne l'a pu donner, nul ne la ravira :

Le temps va tout détruire, il la respectera.
Tout cela vaudra-t-il cet enivrant délire
Que l'applaudissement, que le succès inspire ?
Car, ne te berce point d'un espoir décevant,
Perdre ta liberté, c'est perdre ton talent :
Ta chaîne vainement serait douce et légère,
Le génie a besoin d'une ame toute entière ;
Arrêté dans un point, il s'arrête par-tout ;
Il passe en un instant du transport au dégoût.
Tu vas, en te lançant dans une autre carrière,
Entre les arts et toi placer une barrière,
Et par mille liens que tu ne peux prévoir
Enchaîner ta raison aux ordres du pouvoir. .

Use mieux des bienfaits que la nature amie
Dans sa munificence a versés sur ta vie :
Connais mieux tes devoirs et grands et rigoureux :
Chaque état a les siens ; tous diffèrent entre eux.
Ceux du littérateur sont d'exciter dans l'ame
Des nobles passions les desirs et la flamme,
D'inspirer la vertu, l'honneur, la probité ;
De porter le grand homme à la postérité ;
D'éclairer du flambeau de la philosophie
Le malheureux qui souffre, et l'heureux qui s'oublie ;

De servir l'opprimé, sans craindre le puissant :
Et, plein du feu sacré que sans cesse il répand,
De donner à-la-fois le précepte et l'exemple
Des grandes vérités dont son ame est le temple.
Pour atteindre ce but pénible et glorieux,
Il doit vers l'avenir toujours lever les yeux,
Redouter les plaisirs qui gênent sa pensée,
Ces prétendus bienfaits dont l'ame est oppressée,
Et ces nombreux devoirs dont les soins renaissants
Absorbent à-la-fois ses esprits et son temps.
Il doit, lorsque sa verve et l'éclaire et l'inspire,
Quand ce qu'il dit est juste, avoir droit de tout dire ;
Et pour faire le bien quand il veut éclater,
Contre son intérêt n'avoir point à lutter.
Il doit, grand de son nom et riche de sa gloire,
Porter ses vœux entiers au temple de mémoire,
Et, dût-il en souffrir, à quelques légers soins
Borner le cercle étroit de ses rares besoins.
Il doit enfin par goût, par raison, par système,
Se rendre indépendant des autres, de lui-même.

S'il ne l'est pas, s'il veut des dignités, de l'or,
Comment pourra-t-il prendre un généreux essor ?
Juge souvent séduit, et toujours récusable,

Où pourra-t-il porter un regard équitable ?

De quel front viendra-t-il, dans ses écrits menteurs,

Vanter, en s'élevant, le mépris des grandeurs ?

La médiocrité, s'il cherche la fortune ?

La fierté, quand aux grands sa plainte est importune ?

Par quel heureux moyen pourra-t-il parvenir

Sans offenser sa gloire, ou sans l'anéantir,

Sans être dépendant, flatteur, ou mercenaire ?

Ira-t-il, d'un traitant écrivain-secrétaire,

Avec lui s'enchaîner au fond de ses bureaux,

Où sa plume, oubliant ses superbes travaux,

Occupée à tracer une page stérile,

Deviendra du talent l'instrument inutile ?

Devra-t-il, dans l'espoir d'avoir un protecteur,

D'un riche sybarite être l'adulateur ?

Pour mériter ses dons, ou, disons mieux, ses gages,

Sur ses avis, ses goûts, mesurer ses ouvrages,

Occuper son réveil, égayer ses repas,

Et l'endormir au bruit de vers qu'il n'entend pas ?

Plus sage dans son choix, mais moins libre en sa gêne,

(Car de l'opinion rien ne brise la chaîne)

D'un titre, d'un emploi, se voit-il revêtir ?

Que de nouveaux liens viendront le retenir !

Le public qui jamais n'a su faire de grâce

Et veut, non sans raison, que tout soit à sa place,
Ne se plaindra-t-il pas si son nom respecté
Est avec ses écrits par le jaloux cité?
N'aura-t-on pas le droit de penser et de dire
Qu'emporté follement par la rage d'écrire,
Il a sur ses devoirs (veillât-il chaque nuit)
Dérobé les instants qu'il donne à son esprit?
Lui-même osera-t-il à des travaux sévères
Allier le talent, les palmes littéraires?
Pour un ouvrage, un mot expliqué méchamment,
S'exposer à déplaire à ceux dont il dépend?
Entouré d'envieux qui convoitent sa place,
Risquer la vérité si semblable à l'audace.....?
Sans doute il l'osera ; car, vaincus par nos goûts,
Où nous devons aller, nous allons malgré nous ;
Mais la crainte, l'ennui, la gêne qu'il éprouve,
L'éloignement des arts où par force il se trouve,
Ces vains ménagements, ces prétendus égards
Qui glacent le génie en ses moindres écarts,
Tout se réunira pour lui faire produire
Un ouvrage insensé, que le goût doit proscrire :
Ou plutôt, de chagrin, de regret dévoré,
Le laisser vivre obscur, et mourir ignoré :
Tandis qu'heureux et libre en son modeste asile,

Par une œuvre à-la-fois plus grande et plus utile,
A l'abri de la crainte, à l'abri du soupçon,
Il eût pu, simple auteur, éterniser son nom.

Supposons toutefois qu'à ses desirs propice,
Sans lui donner des fers, le destin l'enrichisse;
Qu'il reste libre encor, et qu'il soit opulent;
Restera-t-il encor libre pour le talent?
Non; bien que son éclat le gêne et l'importune,
Mille nouveaux besoins naîtront de sa fortune;
La gloire vainement frappera ses regards;
La richesse toujours fut l'écueil des beaux-arts.
Elle éveille l'orgueil, rend l'ame intéressée;
Elle éteint les transports, dessèche la pensée,
Et de l'illusion détruisant la douceur,
Fait, d'un amant des arts, un froid calculateur.
Elle présente aussi des jouissances vaines
Qui, renaissant toujours, se transforment en chaînes;
Qui, s'emparant des goûts et de la volonté,
D'un travail sérieux font craindre l'âpreté.
Peu d'hommes pour la vaincre ont su trouver des armes;
Combien ont succombé sous le poids de ses charmes!
Et par des nœuds de fleurs mollement retenus,
Ont vu fuir sans regret les jours qu'ils ont perdus!

3.

Mais qu'ai-je dit? laissons ces erreurs au vulgaire!
La fortune au vrai sage est peu digne de plaire;
S'il reçoit ses bienfaits, il sait y renoncer;
Il supporte ses dons comme il peut s'en passer:
A d'autres voluptés son ame est tout entière.
Quand on a du génie aperçu la lumière,
Dans un transport sacré, lorsque l'on a senti
Le besoin de créer, celui d'être applaudi,
L'espoir de triompher dans une noble lice,
De venger la vertu, de confondre le vice,
Et de se faire un nom qui, par-tout répété,
Ira de siècle en siècle à la postérité;
Lorsque l'on a goûté ce charme sans mesure,
L'ame qui s'en nourrit s'agrandit et s'épure:
Tout le reste paraît insipide et grossier;
Ce qui n'est plus un art ne semble qu'un métier.
Le luxe, la faveur, les plaisirs, la richesse,
Tout vient s'anéantir dans cette heureuse ivresse,
Et ce qui nous arrache à des transports si doux
Fût-ce même un bonheur, n'est qu'un tourment pour nous.

Eh! que peut en effet desirer le génie?
Que doit chercher l'auteur, que faut-il qu'il envie?
Sera-ce des grandeurs la froide illusion?

Il a d'autres moyens pour se créer un nom :
Sa grandeur est d'écrire, et dans un bon ouvrage
Son rang, sa dignité se lit à chaque page.
Sera-ce l'opulence et ses pompeux atours ?
Il n'a point, pour briller, besoin de son secours :
Ses simples vêtements ne sont vus de personne ;
Son talent agrandit tout ce qui l'environne ;
Et le riche orgueilleux, vaincu par son aspect,
Dans son humble séjour n'entre qu'avec respect.
Sera-ce cet amas de voluptés trompeuses,
De l'homme désœuvré ressources dangereuses ?
Son esprit occupé d'un glorieux desir,
N'en comprend même pas le frivole plaisir : .
Ce n'est pas dans un champ qu'on a rendu fertile
Que s'élève l'ivraie ou la ronce inutile.
Sera-ce enfin un titre honoré de chacun ?
Pour l'homme de génie il n'en existe qu'un :
C'est le titre de grand ; on l'obtient par soi-même,
Et dans un simple état, et dans un rang suprême ;
Et l'histoire, en peignant ceux qui l'ont possédé,
Place le grand Corneille auprès du grand Condé.
Elle redit par-tout dans ses fastes sublimes
Les honneurs qu'ont rendus des héros magnanimes
Au sage, au philosophe, au vrai littérateur.

Frédéric triomphant est l'ami d'un auteur ;
Napoléon plus grand éternise la gloire
Des champs qui de Virgile ont gardé la mémoire,
De même qu'Alexandre au soldat emporté,
Fit respecter le lieu par Pindare habité.


Faut-il encor, faut-il ranimer ton courage ?
Du bonheur que tu fuis viens contempler l'image.
Vois ce littérateur dans l'asyle secret
Qu'il rend de ses travaux le confident muet :
Là, tout rit à ses yeux, tout rappelle à son ame
Le succès qu'il obtint, ou l'espoir qui l'enflamme.
Son siége, son bureau, ses livres dispersés ;
Sa plume, ses écrits, pour lui c'en est assez :
Et tandis que le riche, en sa froide apathie
Sur des sophas dorés meurt de mélancolie,
Superbe et satisfait, dans son obscurité,
Il jouit de sa gloire et de sa liberté.


« Arrêtez, me dis-tu, l'auteur que l'on admire
« Sans doute peut avoir le droit de se suffire :
« Mais s'il n'a que son nom, chaque jour, sous ses pas,
« Les chaînes, les dangers ne renaîtront-ils pas ?
« Sans appui, sans pouvoir, sans force, sans fortune,

« N'est-il pas dépendant de la haine importune,

« De l'écrivain vénal, du critique effronté

« Que fera taire au moins l'or ou l'autorité?

« Que pourra-t-il, en proie à ce désordre extrême?...»

Il pourra s'élever au-dessus de lui-même.

La gloire est-elle donc un si faible plaisir,

Que sans peine et sans soins on doive l'acquérir ?

Il pourra s'élever au niveau des grands hommes :

Nul n'est exempt d'affronts dans le siècle où nous sommes.

Voltaire, les Rousseau, Gilbert, Helvétius,

Mille autres aux méchants ont payé leurs tributs.

Mais c'est dans ces moments d'injure et de souffrance

Que vraiment du génie ont sent l'indépendance :

C'est alors qu'il est beau d'avoir su s'affranchir

De ces illusions qu'on voit s'évanouir ;

D'opposer à l'éclat d'une haine inutile

D'un mérite réel l'éclat indélébile ;

De tout porter en soi, de se voir en tous lieux

Précédé par un nom qu'on a rendu fameux !

En vain la calomnie atteint ce nom illustre;

Ses efforts au talent donnent un nouveau lustre.

Ils n'empêcheront pas qu'il ne soit ce qu'il est,

Qu'il n'ait pour défenseur quiconque le connait.

Ils n'empêcheront pas que l'homme de génie

Ne puisse, publiant ce qui le justifie,
Injurié, proscrit, même chargé de fers,
De sa libre pensée éclairer l'univers !
Que dis-je ? indépendant même de l'existence,
Sa grandeur du trépas sait braver la puissance,
Et tel qui succombant, mourut persécuté,
Fut jugé, fut vengé par la postérité.

Soumis aux seuls desirs qu'il doit à ses lumières,
Modéré dans ses goûts, simple dans ses manières,
A l'abri des jaloux, sans besoins, sans lien,
Le vrai littérateur ne dépend donc de rien.
Ce n'est pas qu'on le voie en un transport coupable
Craindre du sentiment la chaîne respectable,
Méconnaître les droits du rang et du pouvoir,
Et tout à son ivresse oublier son devoir :
Il sait que le talent doit avoir sa mesure,
Qu'avant d'être à la gloire on est à la nature,
On est à sa famille, on est à son pays,
Que l'homme quel qu'il soit n'est homme qu'à ce prix.
Mais dans ces nœuds sacrés il ne voit point de chaîne ;
Ils ajoutent encor au charme qui l'entraîne,
Ou s'ils viennent parfois le contraindre en ses goûts,
A son cœur généreux le sacrifice est doux.

L'ambition encor touche-t-elle ton ame ?
Tu peux la contenter sans t'exposer au blâme :
Redouble de travail, que tes mâles écrits
Portent ta renommée à l'avenir surpris.
Aspire à mériter, à surpasser la gloire
De ces grands noms inscrits au temple de mémoire ;
A tes nobles transports joins ta noble fierté,
Qu'elle soit un garant de ta célébrité.
Mais ne vas point, timide au milieu de ta course,
De l'esprit libéral tarir en toi la source,
Mendier des devoirs dont ton cœur gémira,
Et que peut-être un sot mieux que toi remplira.
Songe que de son sort le sage n'est point maître ;
Que ces talents qu'en nous la nature fait naître
Sont des biens qu'on reçoit pour l'immortalité,
Et dont on est comptable à la postérité.

Que si rien ne t'arrête en ton desir futile,
Vas, suis d'un fol orgueil la carrière stérile ;
Mais ne crois pas pourtant que tu pourras encor
Vers les arts outragés reprendre ton essor ;
Renonce pour jamais à retrouver leurs traces :
On ne voit point les feux sortir du sein des glaces ;
Du chêne comprimé les rameaux tortueux

Tenteraient vainement de regagner les cieux;
Et l'aigle qui s'élance au séjour du tonnerre,
Dans son vol arrêté, retombe sur la terre.

# ÉPITRE

SUR

## LES INCONVÉNIENTS

DU

SÉJOUR DE LA CAMPAGNE.

# ÉPITRE

## SUR

## LES INCONVÉNIENTS

### DU

## SÉJOUR DE LA CAMPAGNE,

ADRESSÉE A UNE FEMME DE TRENTE ANS
QUI VEUT RENONCER A LA VILLE.

C'EN est donc fait, Sophie ; à nos vœux indocile,
Tu veux quitter ensemble et le monde et la ville :
Quelques discours malins, par l'envie excités,
Des dégoûts passagers, peut-être mérités,
T'inspirent, à trente ans, le dessein téméraire
D'habiter la campagne à tes goûts étrangère :
De ta maison des champs qui, près de la cité,
S'embellit des plaisirs de la société,
La retraite pour toi n'est pas même assez sûre ;

Tu cherches loin du monde une existence obscure ;

Et d'un facile époux subjuguant la raison ,

Tu prétends l'entraîner dans ce triste abandon.

Quel démon , ennemi du bonheur de ta vie ,

Se plut à te donner cette bizarre envie ?

Des torts de quelques-uns accusant l'univers ,

Veux-tu du misanthrope imiter les travers ?

Aurais-tu par hasard adopté l'imposture

De l'églogue qui trompe au nom de la nature ?

Espères-tu trouver dans de riants guérets

Ce printemps éternel qui n'exista jamais ?

Gessner t'inspire-t-il son champêtre délire ?

Vas-tu, nouvelle Amynte... « Oui, puisqu'il faut le dire,

« De mon cœur que fatigue un monde ingrat et vain ,

« Cette innocente vie a trouvé le chemin ;

« Sans les connaître encor j'en comprends tous les charmes ;

« Lasse de faux plaisirs , d'éternelles alarmes ,

« J'abandonne des lieux où la haine et l'orgueil

« Semblent sous chaque pas faire naître un écueil.

« Je pourrais , je le sais , dans un riche hermitage ,

« Voisine de la ville autant que du village ,

« M'entourant à mon gré de prétendus amis ,

« Me croire à la campagne aux portes de Paris ;

« Mais je sens dans mon ame un plus noble courage ;

« Je veux dans les hameaux passer mes jours en sage.

« Là, vraiment à l'abri des jaloux, des méchants,

« Je vivrai pour chérir mon époux, mes enfants ;

« Là, les tristes devoirs, les vains attraits du monde,

« L'ambition, l'envie en tourments si féconde,

« Ne viendront point troubler nos jours délicieux :

« Nos cœurs seront contents, et nos fronts radieux.

« Nous irons dans nos champs surprendre, dès l'aurore,

« Le germe que la nuit aura dû faire éclore ;

« Quand le soleil des cieux embellira l'azur,

« Nous reviendrons chez nous prendre un laitage pur ;

« Près de nos serviteurs, dont les chansons rustiques

« Rappelleront la vie et les vertus antiques,

« Nous encouragerons leurs pénibles travaux ;

« Nous nous plairons par fois à compter nos troupeaux,

« Et poursuivant ainsi notre paisible course,

« Sans efforts, du bonheur alimentant la source,

« Utiles, respectés, et de troubles exempts,

« Nous parviendrons en paix à l'hiver de nos ans. »


Sans doute, cette vie, heureuse en apparence,

Sophie, offre au bonheur un champ qu'on croit immense ;

Sans doute, on peut décrire un hymen bien uni,

Y joindre du village un portrait embelli,

Et d'un touchant mensonge ornant chaque pensée,

Tromper innocemment sa ferveur peu sensée ;

Sans doute, si le sort t'eût fait naître aux hameaux,

Tu pourrais, chérissant ton aveugle repos,

Près des simples témoins de ta première enfance

Passer en paix des jours filés par l'ignorance ;

Mais crois-tu qu'élevée au centre des clartés,

Formée aux goûts, aux mœurs, aux devoirs des cités,

A leurs délassements, à leurs fatigues même,

Dont on se plaint toujours et que pourtant on aime,

A cette activité des esprits et des sens,

Qui semble prolonger, multiplier le temps ;

Crois-tu que désormais il soit en ta puissance,

Fût-ce pour ton bonheur, de changer d'existence ?

Crois-tu que ton époux, qui par l'instruction

Agrandit sa pensée, éclaira sa raison,

Puisse dans un village, obscurement tranquille,

Ou perdre, ou conserver la mémoire inutile

Des glorieux plaisirs qui charmaient ses destins,

Sans se croire effacé du nombre des humains ?

Ne t'aperçois-tu pas que les prés, les bocages,

Dans les poètes seuls, font les heureux ménages ;

Qu'on ne porte qu'en soi la source du bonheur ;

Qu'il n'est point dans les champs, s'il n'est point dans le cœur?

Ne sens-tu pas que l'ame, aussi bien que la vue,
Par des objets divers a besoin d'être émue ;
Que le calme l'éteint ; que le séjour des champs,
Même dans sa splendeur, offre encor des instants
Où des distractions le charme est nécessaire,
Où l'uniformité touche sans satisfaire,
Où, loin d'un monde aimable, on trouve innocemment
Que ces jours tous pareils passent trop lentement ;
Où l'on voudrait au moins, en ouvrant la paupière,
Ne pas savoir si bien tout ce que l'on va faire ;
Où la campagne vide offre à l'œil étonné
Dans un espace immense un cercle trop borné ?
Et que serait-ce encor, si, de la fade idylle
Bravant pour t'éclairer et le goût et le style,
Je te peignais les champs, leurs charmes prétendus,
Tels que tu les verrais, tels que je les ai vus !
Si du bon villageois, du fermier respectable,
Après t'avoir montré la famille estimable,
A leurs simples vertus sans voile j'opposais
Ce que près d'eux aussi partout tu trouverais :
La ruse, l'âpreté, filles de l'indigence ;
Des êtres en naissant voués à l'ignorance,
Dont les mœurs, le langage, et jusqu'à la gaîté,
Blesseront ton esprit par leur rusticité ?

Celui-là satisfait et se plaignant sans cesse ;
Celui-ci t'effrayant dans sa grossière ivresse ;
Mille autres, vagabonds, par le besoin instruits
A dérober tes grains, tes arbres, ou tes fruits ?
Tous ( mais aussi pourquoi montrer à leur misère
L'inutile tableau de ton destin prospère ),
Tous, dans le fond du cœur, croyant de bonne foi
Que le sort leur ravit ce qu'il a fait pour toi.
Te parlerai-je aussi de la chaumière obscure
Qui semble dégrader et l'homme et la nature ;
De ces bois où, malgré le jour le plus serein,
Il faut craindre le soir l'air humide et mal sain ;
De ces champs, zône ardente, où lorsque la lumière
En rayons dévorants tombe à plomb sur la terre,
Surchargés de fardeaux, de rares habitants
Marchent le dos courbé, les pieds nus et sanglants ?
Triste état que pour eux le temps change en usage ;
Mais qui déchire une ame étrangère au village.
Te décrirai-je enfin ces éternels hivers,
Où la neige à tes yeux voilera l'univers ;
Où des chemins gâtés, t'opposant leur barrière,
Chez toi te forceront à rester prisonnière ;
Où la peur des voleurs, même des revenants,
Troublera, dès le soir, tes valets, tes enfants ;

Où les cris du hibou, la grêle, la tempête,

La nuit, d'un songe affreux viendront remplir ta tête?

Heureuse, heureuse encor si pour sauver tes jours,

Tu n'as pas tout-à-coup besoin d'un prompt secours;

Avant qu'un homme instruit, arrivé de la ville,

Apporte à tes douleurs quelque remède utile,

Fût-ce en dépit du sort, tu mourrais mille fois

Dans les ignares mains d'un *Frater* aux abois.


Dans ces moments d'ennui, de crise, de ravage,

Que devient cependant le charme du ménage?

Que devient ton époux, près de toi renfermé,

Par son oisiveté sourdement consumé?

Que deviennent vos fils, dont les mœurs, les manières,

Malgré vous des hameaux suivent les lois grossières?

Que deviens-tu toi-même à l'aspect fatigant

De mille êtres obscurs dont pas un ne t'entend,

Dont pas un ne comprend tes goûts ni ta pensée,

Et qui dans ton ennui vont te croire insensée?

Que vas-tu devenir en songeant à ces jours

Où, la société te prêtant son secours,

Tu savourais en paix ses délices sacrées,

Tu voyais à regret fuir les longues soirées,

Et, sans nuire aux devoirs, égayant tes loisirs,

En changeant de saison tu changeais de plaisirs.....


« Arrêtez, me dis-tu, votre esprit s'exagère
« De la privation l'effet imaginaire.
« Quelques moments d'ennui, de prétendus chagrins
« Ne peuvent balancer les maux dont je me plains.
« Sans doute, si l'on porte au fond de la retraite
« L'inquiet souvenir des cités qu'on regrette,
« On ne peut y trouver qu'un éternel malheur ;
« Mais il est des penchants plus sacrés pour le cœur.
« Si pour l'homme qu'agite un fol amour du monde,
« La campagne d'abord en petits maux abonde,
« N'est-il pas malgré lui par le temps ramené
« Vers ce simple bonheur qu'il avait dédaigné ?
« Eh ! n'avons-nous pas vu dans le sein des villages
« D'orgueilleux citadins, des grands hommes, des sages,
« Qui tous de la nature admirateurs ardents..... »
—La nature!... Et crois-tu qu'elle ne soit qu'aux champs?
Est-ce pour contempler les bois et la prairie
Qu'elle nous a donné les flammes du génie,
Ce desir inquiet de voir la vérité,
Ce desir qui s'accroît par la société,
Mais qui dans chaque esprit va porter sa lumière,
Et que le villageois éprouve à sa manière ?

N'est-ce point pour parer à nos besoins nombreux

Qu'elle nous rend actifs, adroits, industrieux ?

Qu'ils vivent aux hameaux, dans les bois, dans les villes,

Les hommes à sa voix ne sont-ils pas dociles ?

Si le fermier lui doit le goût de ses travaux,

N'inspire-t-elle pas le savant, le héros ?

Son trône n'est-il donc qu'un trône de verdure,

Et peut-on n'être pas l'homme de la nature ?

Oui, sans doute, on a vu plus d'un sage fameux

En fuyant les cités se croire plus heureux :

Les uns, trop irrités de quelque vain outrage,

Prenaient l'orgueil blessé pour l'amour du village :

A force de savoir, les autres, s'égarant,

Croyaient nous agrandir en nous abrutissant ;

Mais tous en dépit d'eux vivaient par la pensée

Avec ceux que fuyait leur prudence insensée ;

Leurs écrits, leurs discours, leurs besoins le prouvaient.

Que dis-je ! tôt ou tard au monde ils retournaient :

Dans cet homme des champs, pour eux si respectable,

Ils pouvaient voir un frère, et non pas un semblable,

Et de l'obscurité qu'ils prétendaient chérir,

L'instinct, plus sage qu'eux, les forçait à sortir.


Fuis, Sophie, un bonheur qui n'est plus ton partage:

Laisse le villageois être heureux au village.

Le sort, qui nous fait naître en des lieux différents,

Semble sur nos devoirs mesurer nos penchants.

Chacun sans le savoir tient une place utile :

L'habitant des hameaux ne peut aimer la ville ;

Et nous n'aimons les champs que pour les embellir

Du charme des cités que nous croyons haïr.


Ce n'est pas qu'on me voie, injuste en ma censure,

Nier l'attrait des bois, l'éclat de la verdure,

Ce transport qui saisit à l'aspect enchanté

Des côteaux, des vallons enrichis par l'été,

Ce charme, qu'un cœur tendre, un ami de l'étude,

Trouvent dans le repos, ou dans la solitude :

Goûte aussi, je le veux, ces plaisirs que les champs

Offrent aux citadins plus qu'à leurs habitants.

Vas-y chercher par fois un calme salutaire ;

Mais reviens à la ville, à tes goûts nécessaire :

Loin d'elle s'exiler, c'est souffrir ou déchoir.

L'ignorance est par-tout, mais non pas le savoir.

Quoiqu'un bonheur tranquille enchante une ame pure,

L'esprit sent le besoin d'une autre nourriture.

Il a, comme le cœur, et ses goûts et ses droits :

Il nous impose aussi des devoirs et des lois ;

Et semblable au torrent qui, poursuivant sa course,
Tenterait vainement de regagner sa source,
Quand l'homme, quel qu'il soit, a pu voir la clarté,
Il ne retourne pas à son obscurité ;
Il s'avance toujours dans sa noble carrière,
Et s'égare plutôt que d'aller en arrière.

Que si tu crois encor au charme des hameaux,
Je puis d'un dernier trait enrichir mes tableaux.
Si tu veux être ensemble épouse heureuse et sage
Ne crains pas d'adoucir le joug du mariage ;
Les plaisirs l'ont troublé moins souvent que l'ennui :
Dans cet oubli total qui te charme aujourd'hui,
Inquiet, et toujours s'occupant de soi-même,
On devient exigeant, mélancolique, extrême :
Le desir s'accroissant par la privation
Fermente dans la tête, obscurcit la raison.
Chaque moment d'ennui rend l'ivresse plus forte ;
Et deux jeunes époux que la nature emporte,
De vivre heureux aussi sentant qu'ils ont le droit,
Souvent en font usage à tel prix que ce soit.
Oh ! combien j'en ai vus de champêtres ménages,
Dont l'étranger trompé vantait les avantages,
Tandis que leur désordre ou leurs emportements

Vengeaient leurs facultés oisives trop long-temps.
Oh ! combien j'en ai vus de dignes solitaires,
D'un dégoût passager victimes volontaires,
Succomber aux langueurs d'un long isolement,
Et perdre sans regrets des jours sans agrément !
Que te dirai-je enfin ? Mère, épouse sensible,
Peut-être à tes vertus tout deviendrait possible,
Si vraiment tes desirs, et non un vain dépit,
Vers cette paix obscure entraînaient ton esprit ;
Si le sort t'imposait ces lois que l'on doit suivre,
Tu pourrais vivre aux champs, car le sage y peut vivre :
Mais ne t'égare pas dans un monde idéal ;
Aux hameaux, comme ailleurs, près du bien est le mal.
N'y cherche même pas ces mœurs, cette réserve,
Ces vertus que, dit-on, l'ignorance y conserve :
L'homme est homme par-tout ; le plaisir, l'intérêt,
L'égoïsme par-tout le guident en secret ;
Et le manoir antique, et la maison rurale,
Ont vu plus de dégoûts, de haine, de scandale,
Que la ville, où du moins la vie a sa douceur.
L'esprit sa dignité, le vice sa pudeur.

# ÉPITRE

## A UN VIEIL AUTEUR.

# ÉPITRE

## A UN VIEIL AUTEUR,

### MÉCONTENT DE SE VOIR OUBLIÉ.

Renonce, cher Damon, à l'espoir qui t'abuse ;
Laisse en paix le public, que ton dépit accuse ;
Si de ton beau talent les dernières clartés
N'obtiennent pas toujours des succès mérités ;
Si les faibles travaux d'une jeunesse folle
L'emportent sur les tiens près d'un monde frivole,
Ne t'en prends pas au siècle, au temps, à tes amis ;
D'un tourment ridicule affranchis tes esprits ;
Et dans cet abandon, où tôt ou tard nous sommes,
Vois un pouvoir plus grand que le pouvoir des hommes.

Ici bas, cher Damon, tout doit avoir son cours :
Chacun brille un instant, nul ne brille toujours.
Le destin éternel, en sa marche immuable,
Pour l'homme passager ne fait rien de durable ;
Le succès, le mérite, ainsi que la beauté,

Par le moment qui fuit est sans cesse emporté,
Et la gloire des grands, des héros, et des sages,
Même s'abîmera dans l'océan des âges.
Lorsque tout naît et meurt, comment t'étonnes-tu
De voir ton vieil éclat quelquefois méconnu ?
Seul, arrêteras-tu cette chaîne infinie ?
Veux-tu vivre deux fois dans une simple vie ?
Et faire sur ton front, sillonné par les ans,
Reverdir le laurier, séché depuis long-temps ?
Ton talent, je le sais, a, par l'expérience,
Acquis plus de clarté, de force, de science ;
L'analyse, l'esprit, et la réflexion
Joignent dans tes écrits l'exemple à la leçon :
Tu ne t'égares plus dans de vaines pensées,
Et par toi, d'un goût sûr les routes sont tracées :
Mais as-tu conservé cet heureux abandon,
Ce délire des sens, cette inspiration,
Ce feu, que la jeunesse à qui tout se révèle,
Imprime à ses écrits, parce qu'il est en elle ;
Cet éclat, cette audace, et même ces erreurs
Qui semblent dévoiler le secret de nos cœurs ?
Non, à la raison seule abandonnant ton ame,
Voyant dans chaque mot ou l'éloge ou le blâme,
Cherchant l'un, craignant l'autre, et ne hasardant rien,

En faisant toujours mieux, rarement tu fais bien ;
Sur ton ouvrage enfin le méchant doit se taire :
Mais il ne charme plus ceux même qu'il éclaire.


Je veux que toutefois le sort, te protégeant,
Dans ton corps déja vieux laisse un jeune talent,
Que rappelant ces noms qu'au Parnasse on honore,
Des feux de ton midi ton couchant brille encore :
As-tu droit d'inspirer cet intérêt pressant
Qu'inspire sans efforts le mérite naissant ?
Regarde ce jeune homme en sa fougueuse audace
Pour peu qu'il fasse bien tout est bon, quoi qu'il fasse :
A peine un dernier mot termine ses écrits,
Ils sont connus, cités, prônés dans tout Paris :
Cent jeunes gens ravis proclament sa victoire :
Compagnons de ses jeux, ils le sont de sa gloire,
Et, s'inquiétant peu s'ils ont tort ou raison,
Sur la foi l'un de l'autre ils célèbrent son nom.
Bientôt, dans les sallons, au boudoir, au théâtre,
Partout, du jeune auteur on devient idolâtre ;
Il charme, il intéresse, il obtient tour à tour
Les succès du talent, les succès de l'amour :
Que sont auprès de lui les Rousseau, les Voltaire ?
Ils brillaient dans leur temps, dans le sien il sait plaire !

Qu'importe le passé, quand on voit l'avenir ?
Aussi, comme chacun s'empresse à le servir !
Un riche protecteur, que tant d'éclat enivre,
L'affranchit du malheur de travailler pour vivre.
Un auteur, peu jaloux des succès d'un enfant,
Le conseille tout bas, l'applaudit hautement :
Réussit-il ; du siècle il sera le prodige :
Tombe-t-il ; à vingt ans pouvait-il plus ? que dis-je !
Quel que soit son ouvrage, un public indulgent,
Y voit percer partout le germe du talent.
Timide, on l'encourage ; ignorant, on l'excuse :
Présomptueux, souvent à son âge on s'abuse :
Un ami (la jeunesse a des amis partout)
Vante dans dix journaux son esprit et son goût ;
Par un mot consolant rend la critique aimable,
L'engage à surmonter sa paresse coupable,
Et s'applaudit, charmé de ses brillants écarts,
De voir renaître enfin le beau siècle des arts.

Que fais-tu cependant, pauvre vieillard débile,
Accablé sous le poids d'un mérite inutile ?
Quand ton génie encor brillant de mille traits,
Effacerait l'éclat de ces jeunes succès,
Tes moyens pourront-ils répondre à ton courage ?

Passeras-tu vingt nuits pour finir un ouvrage ?
Auras-tu cent amis jaloux de l'exalter ?
Sans respect pour ton âge, iras-tu le porter
Au puissant qui l'ignore, au rival qui le juge ;
Du besoin de briller triste et dernier refuge !
Liras-tu sans rougir l'éloge mendié
Qu'à tes cheveux blanchis accorde la pitié ?
Ou, si quelque jaloux, qui jamais ne pardonne,
En blâmant tes écrits outrage ta personne,
Pourras-tu le punir, l'accuser, l'attaquer,
Comme un homme d'un jour, qui n'a rien à risquer ?
Te verra-t-on enfin, dépouillant ta sagesse,
Suivre dans la carrière une folle jeunesse,
Entendre autour de toi du railleur ignorant
L'épithète moqueuse ou le ris méprisant ?....
Qu'ai-je dit ? loin de toi cette ardeur indiscrète !
Ou que du moins ton œuvre en tout point soit parfaite.
Le public, toujours jeune, au jeune homme sourit ;
Mais il est sans pitié pour l'auteur qui vieillit ;
L'espoir et l'avenir flattent seuls son caprice ;
Il veut que l'on commence, et non que l'on finisse ;
Et l'erreur qui lui plaît dans de jeunes talents,
Semble un crime pour nous dans l'hver de nos ans.
« Il suffit, me dis-tu, je sens que de mon âge

« Un repos honorable est vraiment le partage ;

« Mais, quand mes vieux travaux dans l'oubli sont plongés

« Mes esprits peuvent-ils n'être pas affligés ?

« Je veux que cette foule, assiégeant le Parnasse,

« Sur la fin de ma course et m'alarme et m'en chasse ;

« Mais, à ce qui m'est dû faut-il donc renoncer,

« Parce que mille enfants devant moi vont passer ?

« Cette jeunesse en vain prétend me méconnaître :

« J'étais déja célèbre, avant qu'on la vît naître ;

« A son amour encor j'ai des droits plus puissants,

« J'ai formé son esprit par mes travaux savants,

« Par mes sages leçons. Mais au siècle où nous sommes,

« Les hommes sont ingrats.» Non; mais ils sont des hommes

C'est pour eux qu'ils sont nés, pour leur siècle, leur temps

Que leur font tes succès finis depuis vingt ans ?

Ils estiment ton nom, que le public révère ;

Mais c'est dans leur printemps tout ce qu'ils peuvent faire

Prompts à saisir l'instant qui va leur échapper,

L'art de briller aussi doit seul les occuper ;

Leur moment est venu, le tien a cessé d'être :

L'élève triomphant pense-t-il à son maître ?

L'enfant, que son instinct fait sortir de nos bras,

Pense-t-il à la main qui dirige ses pas ?

Nous même pensons-nous, avant l'hiver de l'âge,

Que ces jeunes talents sont aussi notre ouvrage ;
Et ne sentons-nous pas, libres d'un vain courroux,
Que nous faisons pour eux ce qu'on a fait pour nous ?
C'est quand la vanité survit à la jeunesse
Que de ce trait mortel l'homme aveugle se blesse :
Insatiable alors, dans de jeunes succès
Il croit de ses leçons retrouver les effets ;
Par-là, faute de mieux, il cherche à reparaître ;
Il r'attache sa gloire à celle qu'il voit naître ;
A la reconnaissance il veut la confier.
Dans la fougue des ans ose-t-on l'oublier ?
Il croit qu'on est ingrat, il s'afflige, il s'irrite ;
Mais, plus que la raison, c'est l'orgueil qui l'agite ;
Et, jaloux seulement d'échapper à l'oubli,
Tout homme qui l'ignore est un ingrat pour lui.

Soyons justes, Damon, ou plutôt soyons sages :
Chaque âge a ses plaisirs, goûtons ceux de nos âges ;
Sommes-nous vieux, voyons sans en être jaloux
Ceux qui brillent un jour, et mourront comme nous.
De la nature, ami, c'est la marche éternelle ;
Ce n'est qu'à ses dépens qu'elle se renouvelle.
Une secrète voix nous dit que, chargés d'ans,
Il faut céder la place à d'autres aspirants,

Qu'en vain nous nous plaignons d'une jeunesse ardente
Qu'un vieillard trop actif l'alarme, ou la tourmente;
Que les nouveaux lauriers qu'il prétend acquérir
Sont des biens usurpés qu'il vole à l'avenir;
Que sa tâche est remplie, et qu'il faut qu'on l'honore;
Mais qu'il hasarde trop à reparaître encore,
Et que, des jeunes gens fût-il le vrai fanal,
Il doit être leur juge, et non pas leur rival.

Ce n'est pas que je veuille ôter à ta vieillesse
Des travaux de l'esprit la consolante ivresse;
Mais fais de ces travaux un sage amusement,
Convenable à ton âge, ainsi qu'à ton talent.
Ne va pas en jeune homme implorer des suffrages;
Laisse ta renommée annoncer tes ouvrages;
Et ne compromets point, indiscret dans tes vœux,
Cinquante ans de succès pour un succès douteux.
Si vraiment la jeunesse ou t'oublie, ou t'offense,
Confie au temps vengeur le soin de ta défense:
Vers la postérité jette un instant les yeux;
Ils n'y viendront pas tous, ces jeunes gens fougueux!
Là, des voiles du temps, des prestiges de l'âge,
L'œil de la vérité percera le nuage,
Et, semblable au soleil, dont les rayons brûlants

Des vapeurs de la nuit affranchissent nos champs,
Le mérite, éclatant de sa seule lumière,
Dissipera l'erreur du succès éphémère ;
Dans l'œuvre sans talent tout s'anéantira ;
Dans l'œuvre du talent tout encor brillera.

# ÉPITRES A SOPHIE.

# AVANT-PROPOS.

Ces Epîtres forment la première partie d'un ouvrage que j'ai commencé il y a plus de dix ans, et qui n'est point encore terminé, d'autres occupations m'en ayant détournée, et le sujet m'ayant entraînée dans beaucoup plus de développements que je ne l'avais pensé d'abord. J'ai fait paraître successivement plusieurs fragments de ces Epîtres, et c'est ce qui m'engage à les réunir ici ; ces différents morceaux peuvent d'ailleurs, d'après leur plan général, être présentés séparément.

On a pensé souvent que j'avais voulu dans cet ouvrage répondre à la satire de Juvénal et à celle de Boileau contre les femmes ; je ne puis nier qu'elles ne m'aient en quelque sorte inspirée ; mais mon objet est entièrement différent du leur ; ils nous attaquent sur tous les points et sans aucun ménagement ; je ne blâme dans les hommes que les défauts dont nous pouvons avoir à souffrir ; leurs satires ne sont qu'un cadre dans lequel ils renferment tout ce que la critique peut suggérer de plus amer, osons même le dire, de plus grossier contre le mariage et les femmes ; mes Epîtres ne sont véritablement que des conseils prudents donnés à une jeune personne qui songe à se marier, et une suite de tableaux des malheurs qu'entraîne une union mal assortie, tableaux dont le but n'est pas de détourner d'un lien qui seul peut faire le bonheur de la vie, mais d'en faire sentir toute l'importance. J'ai même cherché, autant qu'il m'a été possible, en traitant un pareil sujet, à éviter ce que quelques hommes auraient pu appeler l'*esprit de parti*; et, quoique ce soit le privilége de la poésie de pouvoir sans inconvénient forcer les images pour les rendre plus brillantes, craignant de mériter le reproche que je fais aux autres, j'ai, dans plus d'un endroit, (non sans quelque regret) sacrifié l'expression passionnée ou énergique à l'expression vraie et modérée.

Je ne crois pas devoir entrer ici dans plus de détails, le Lecteur pouvant facilement se convaincre par lui-même de la vérité de ce que j'avance. Je le renvoie donc à l'ouvrage même, et aussi à ce que j'ai dit dans l'avant-propos de mon Epître aux Femmes sur nos deux célèbres satiriques.

# ÉPITRES A SOPHIE.

## ÉPITRE PREMIÈRE.

INTRODUCTION. — TABLEAU GÉNÉRAL DES DANGERS D'UN MAUVAIS CHOIX.

Jeune et belle Sophie, honneur de ta famille,
De parents respectés aimable et digne fille !
Toi dont l'esprit orné par leurs soins assidus,
Déja donnant des fruits, en promet encor plus !
Toi qui ne connais pas les soucis, la contrainte,
Toi qui d'un mot fâcheux n'as point senti l'atteinte,
Toi dont les jours heureux, sans trouble et sans tourment,
Sur le sein paternel s'écoulent doucement,
Tu vas donc, t'éloignant de ceux qui t'ont fait naître,
Dans un homme chercher ton époux et ton maître ;
Et sacrifiant tout avec ta liberté,
Payer ainsi ta dette à la société.

Non, je ne puis blâmer ce desir légitime :
De l'amour sans l'hymen la vertu fait un crime :
L'amour est un besoin du jeune âge et du cœur,
Il est doux d'y céder en cédant à l'honneur :
Un plus noble dessein agite aussi ton ame ;
Tu voudrais, dans celui dont tu seras la femme,
Trouver un ami sûr, un zélé défenseur,
Un frère généreux dont tu serais la sœur,
Un époux bien aimé qui, tendre autant que sage,
Fût la gloire et l'amour de ton heureux ménage.
Ton cœur pur et naïf, aux vertus préparé,
De ses devoirs futurs déja s'est pénétré ;
On ne te verra pas, orgueilleuse, ou coquette,
Attirer sur tes pas une foule indiscrète,
Payer de ton honneur de frivoles plaisirs,
D'un trop facile époux repousser les desirs,
De la danse au concert, du concert à la danse,
Promener chaque jour ton active indolence ;
Ou, pour mieux enrichir un adroit séducteur,
Des malheurs de l'hymen te plaignant sans pudeur,
Contraindre ton époux, d'une ame fière et haute,
A te rendre des biens dissipés par ta faute.
La vertu, l'amitié, l'étude, les beaux-arts,
Semblent filer tes jours à l'abri des hasards.

Pourtant écoute-moi, jeune et belle Sophie,
En vain tout te promet un sort digne d'envie ;
Dans ce siècle d'erreurs et de perversité,
Rarement on obtient ce qu'on a mérité.
A quelque heureux destin que tu puisses prétendre,
Ce n'est que de ton choix que ton sort va dépendre ;
Lui seul va décider du bonheur de tes jours,
Même précipiter ou prolonger leur cours.
Avant que pour jamais ta foi soit engagée,
Qu'à chérir ton époux tu te sois obligée,
As-tu sur l'avenir réfléchi mûrement ?
Pesé d'un nœud si fort le charme et le tourment ?
As-tu du cœur humain sondé la route sombre ?
Des époux malheureux as-tu compté le nombre ?
Sais tu, dans ce lien qu'on ne voit point finir,
Ce que l'on doit chercher, et ce que l'on doit fuir ?
Ce que de l'homme enfin nous avons droit d'attendre ?..
C'est-là ce qu'avant tout, Sophie, il faut apprendre,
Et c'est ce qu'aujourd'hui mon vers audacieux,
Fort de la vérité, va montrer à tes yeux.

L'hymen a ses malheurs ; vois en d'abord les causes :
Les hommes sont moins bons que tu ne le supposes.
Bizarre composé d'éléments différents,

Combattus par l'orgueil, la raison, et les sens;
Faibles avec excès, forts avec arrogance,
Vaincus par leurs desirs, vainqueurs de leur prudence;
Affligés par nos pleurs, et les faisant couler,
Abusant de leurs droits pour nous les rappeler.
Fatigués des plaisirs qu'ils obtiennent sans peines,
Vantant l'indépendance, et recherchant les chaînes;
Nous blâmant des défauts qui les charment en nous;
Esclaves ou tyrans, volages ou jaloux;
Et, pour comble de maux, forts de notre faiblesse;
Tonjours chers à nos cœurs qu'ils déchirent sans cesse.
Voilà quels sont pour nous ces êtres dangereux,
Pour qui seuls nous vivons, et qui vivent pour eux!

Mais quoi! ton jeune front et se trouble et s'altère.
« Des hommes jugez mieux, dis-tu, le caractère :
« Ils ont, ainsi que nous, leurs vertus, leurs erreurs;
« Ne les irritons point pour les rendre meilleurs :
« La nature a pour tous une égale tendresse;
« Si l'homme veut régner avec trop de rudesse,
« La femme plus timide et plus tendre à-la-fois,
« Par l'heureuse indulgence obtient les mêmes droits. »
Oui, mais cette indulgence, arme d'un cœur sensible,
Nécessaire toujours, n'est pas toujours possible;

On ne peut pas toujours, blessé mortellement,
Garder dans ses douleurs un regard caressant ;
Commander à sa voix ; à son sang qui fermente
Faire prendre, en sa fougue, une course plus lente ;
Oui la nature, grande en sa diversité,
·Jusques dans nos erreurs voulut l'égalité ;
Mais dans la main de l'homme on la voit disparaître ;
Maître de nos destins, il est ce qu'il veut être ;
Et, s'il devient époux, en subissant ses lois,
De nos torts et des siens nous souffrons à-la-fois.
Cependant, je le veux, ménageons sa faiblesse ;
Ménageons cet orgueil que la vérité blesse,
Ménageons l'homme enfin ; ne voyons que l'époux,
Et ce lien sacré, si fatal ou si doux.

Tu vas associer toute ton existence
Au sort d'un être fier de son indépendance,
Qui, dût-il mériter et ton cœur et ta foi,
Ne peut toujours penser, ni sentir comme toi :
Le sexe, le devoir, l'âge, la circonstance,
Malgré vous, dans vos goûts met une différence,
En cherchant à te plaire il pourra t'offenser,
En croyant le servir tu pourras le blesser ;
Mille soucis cachés, enfants de la contrainte,

A vos plus doux plaisirs viendront mêler la plainte :
Par un mot mal compris, un avis mal donné,
Le repos de vos jours peut être empoisonné :
Il faudra qu'un des deux, plus docile ou plus sage,
En cédant tristement dissipe le nuage ;
Et, quel que soit l'époux qui charme ton lien,
Crois-moi, ton tour viendra plus souvent que le sien !
Si pourtant de vos cœurs les douces sympathies
Par un heureux hymen aux vertus sont unies,
Ces orages fuiront, dissipés sans retour,
Tantôt par la raison, et tantôt par l'amour.
Mais que deviendras-tu, pauvre épouse trahie !
Si, des vices du temps l'ame en secret remplie,
Ton guide, ton appui, l'objet de tous tes vœux
Cache un esprit pervers sous un front vertueux ?
Si, du droit du plus fort armant ses injustices,
En immuables lois il transforme ses vices ?
S'il se croit tout permis, s'il ne t'accorde rien,
S'il te ravit son cœur, s'il repousse le tien ?
Si, vaincu sourdement par quelque indigne flamme,
Valet de sa maîtresse, et tyran de sa femme,
Il se venge sur toi des trop justes mépris
Que lui fera souffrir une banale Iris ?
Si tes enfants, suivant l'exemple de leur père.

Outragent la nature ou dédaignent leur mère ;

Si tes propres valets, se riant de tes pleurs,

Sont ou ses confidents, ou tes persécuteurs ?....

Mais, pour te présenter un tableau moins terrible,

Comment soutiendrais-tu, délicate et sensible,

Ce ton impérieux propre à tant de maris ?

Cet esprit tracassier, ces éternels soucis,

Qui toujours arrêtant le bonheur dans sa course,

Semblent du plaisir même empoisonner la source ?

Dans tes heureux foyers verrais-tu sans frémir

Ce vide d'un amour qu'on n'a pu retenir ?

Le soupçon inquiet qu'on repousse et qu'on aime,

La contradiction qui renaît d'elle-même,

L'intérêt personnel, fléau du sentiment,

L'ennui, de l'existence incurable tourment,

Ou ce dégoût secret, mal indéfinissable,

Qui donne tant de torts dont on n'est point coupable ?

Iras-tu, pour calmer ces maux ou cet ennui,

En blâmant ton époux, agir ainsi que lui ?

Dans le monde porter un indiscret murmure,

Mendier la pitié, provoquer la censure,

Ou, d'un adroit ami faisant un confident,

Dans un consolateur te choisir un amant ?

Non, tu resteras seule au sein de ton ménage,

Malheureuse, il est vrai ; mais vertueuse et sage ;
Et voyant dans les pleurs s'éloigner à grands pas
Ce temps, toujours perdu lorsque l'on n'aime pas.
Voilà, voilà pourtant la fatale existence
De plus d'une beauté qui gémit en silence ;
Tandis qu'un choix heureux eût, au gré de son cœur,
Changé ses jours de deuil en des jours de bonheur.

Mais je te vois encor et douter et sourire :
Par un chemin plus sûr il faut donc te conduire ;
Ton regard se refuse à de trop vastes traits ;
Renonçons aux tableaux, et faisons des portraits :
Viens, suis-moi, pénétrons dans l'immense carrière ;
Du présent, s'il se peut, franchissons la barrière ;
Pesons l'âge, les mœurs, les passions, les goûts,
Et rendons l'avenir juge de ton époux.

# ÉPITRE II.

LE MARI TROP JEUNE. — ÉPISODE.

AH! si je n'écoutais qu'une juste vengeance,
M'armant ici du droit de ma propre défense,
Au satirique altier qui veut nous avilir
Je rendrais les mépris dont il veut nous couvrir.
Juvénal de mon sexe, en cette folle escrime,
Je peindrais au hasard le vice et la victime ;
A la postérité, rendant mon nom fameux,
J'érigerais aussi des monuments honteux :
Mais mon ame plus grande, en sa fougue sacrée,
Aux vaines passions ne sera point livrée ;
On ne me verra pas, aveugle en mon courroux,
Attaquer l'honnête homme, en accusant l'époux ;
Je ne souillerai point d'une éternelle offense
Des torts nés de l'erreur ou de l'inconséquence ;
Et d'un choix imprudent je peindrai le danger
Pour éclairer l'honneur, et non pour l'outrager.

Poursuivons : quelle foule à nos yeux se présente ?

L'homme fait, l'âge mur, la jeunesse bouillante,
Le vieillard même, heureux de voir un avenir,
Semblent se disputer l'honneur de t'obtenir.
Quel âge aura l'époux que ton cœur se destine ?
Vingt, trente, quarante ans ? Tu rougis, je devine.
Dans ce groupe folâtre, où se fixent tes yeux,
Cherchons donc cet époux digne objet de tes vœux.

Sera-ce ce jeune homme à peine à son aurore,
Qui, bien qu'il ait un cœur, n'en est pas sûr encore,
Qui paraît à-la-fois, dans ses fougueux élans,
Etre honteux et fier de ses dix-huit printemps ;
En qui de tous les goûts on distingue le germe,
Sans en juger l'effet, sans en prévoir le terme ;
Tour-à-tour par le bien, par le mal emporté,
Qu'un hasard jetera d'un ou d'autre côté ?
Sera-ce ce Caton encor sous la férule,
De raison, de bon sens, prodige ridicule,
Analysant l'amour mieux que son précepteur ?
Qui, payant tôt ou tard un tribut à l'erreur,
Vieillard à dix-huit ans, et jeune homme à quarante,
Peut venger malgré toi la nature exigeante,
Et troubler ton automne, en ses égarements,
Des orages tardifs formés pour son printemps ?

Sera-ce cet enfant, qu'on adule, qu'on aime,

Ivre de sa jeunesse, et tout plein de lui-même,

Allant de torts en torts à sa maturité,

Et ne doutant de rien, hors de la vérité?

Sera-ce ce héros de cent folles conquêtes,

Embarrassé déja près des femmes honnêtes?

Sera-ce celui-là bien plus à redouter,

Que de mille bienfaits le sort daigna doter,

Mais dont le noble aspect, les grâces, la décence,

Sont un appât trompeur offert à l'innocence.

Semblable à cette fleur, dans un climat brûlant,

Sous laquelle se cache un venimeux serpent,

Et qui cause, perfide ! une mort assurée

A la beauté sans art, par son charme attirée ?

Enfin, en est-il un parmi ces jeunes fous,

Digne du noble titre et de père, et d'époux ?


Je conviens, à-la-fois indulgente et sévère,

Que le temps doit mûrir leurs mœurs, leur caractère ;

Que même à ces portraits j'aurais pu, sans errer,

Opposer des portraits faits pour te rassurer ;

Je fais plus ; ton époux, au printemps de son âge,

Sera, je le veux croire, aussi tendre que sage ;

Fût-il plus mille fois, ton bonheur, tes destins,

6.

Dois-tu les confier à ses fragiles mains !
Dois-tu t'associer, qu'il te plaise, ou qu'il t'aime,
Un être qui ne sait ce qu'il sera lui-même ;
En qui rien n'est fixé, que demain tu peux voir
Vertueux le matin, et vicieux le soir ;
Et qui, sans le vouloir, t'entraînant dans l'abîme,
Peut te punir des torts dont il sera victime ?
Comment, dans tes malheurs, avoir recours à lui ?
S'il est faible lui-même, où sera ton appui ?
Ton appui !.... Loin de là, tu te verras forcée
De diriger ses goûts, d'éclairer sa pensée ;
D'un élève indocile, à vingt ans, précepteur,
En formant son esprit, tu blesseras son cœur :
En vain à t'approuver tu sauras le contraindre ;
Il doit cesser d'aimer en commençant à craindre ;
Et si, grâce à tes soins, il devient homme un jour,
En sauvant son honneur, tu perdras son amour !
Heureuse, heureuse encor si ta raison propice,
A ce prix, le retient au bord du précipice !
Heureuse, si d'abord dans le monde lancé,
Par mille écueils divers sur mille écueils poussé,
Fragile bâtiment que tourmente l'orage,
Tu peux, en t'immolant, le sauver du naufrage !
Mais de ces tristes nœuds veux-tu voir les effets ?

Suis-moi, j'en vais pour toi dévoiler les secrets.

Dans son appartement, solitaire, éplorée,
Reconnais Léonore à sa douleur livrée.
Le sort qu'elle implorait, docile à son desir,
A son cher Alcidor a pris soin de l'unir.
Tous deux étaient encor dans cet âge d'ivresse
Où la froide raison le cède à la tendresse ;
Ils croyaient devant eux voir un long avenir
Se dérouler en paix par la main du plaisir.
Six mois, depuis ces nœuds, sont écoulés à peine....
Et tous deux ont déja cent fois maudit leur chaîne.
Alcidor, inquiet, emporté, jeune enfin,
Tel qu'un coursier fougueux, a méconnu le frein ;
Sa compagne sensible, et trop faible peut-être,
Ne retient plus un cœur qui de lui n'est plus maître :
Le tranquille bonheur de deux époux unis
Semble moins appaiser qu'irriter ses esprits ;
Sa maison de l'ennui devient pour lui l'asyle ;
Le devoir a pesé sur cette ame indocile.
Trop jeune pour l'hymen, il se rit de ses lois,
Il sent que la nature avant tout a ses droits ;
Et, torrent déchaîné que la contrainte augmente,
Il porte autour de lui le deuil et l'épouvante.

Ah ! que ne puis-je ici, sans blesser tes regards,
Suivre l'infortuné dans ses nombreux écarts !
Plus libre, que ne puis-je offrir à ta pensée
La vérité terrible et sans voile tracée !
Dans ce vaste tableau, sous d'horribles couleurs,
Que ne puis-je montrer ces êtres suborneurs,
Qui, perdus pour les mœurs, perdus pour la tendresse,
Se font un vil devoir de perdre la jeunesse !
Que n'y puis-je placer, s'enivrant de poison,
La débauche, dans l'ombre étouffant la raison !
Que n'y puis-je sur-tout peindre un lieu de rapine,
Où près d'un tapis vert préside la ruine,
Et sur la porte écrire, en traits de feu, ce vers :
Fuis, passant; c'est ici la porte des enfers !
Mais en vain ce tableau m'épouvante et m'enflamme;
Je n'en dois point souiller mes écrits, ni ton ame;
Un spectacle plus pur et non moins douloureux,
A travers ces écueils se présente à mes yeux.
C'est toi que je revois, épouse infortunée !...
Sur sa couche déserte et de larmes baignée,
Elle jette un regard, triste fruit du desir :
On entend de son sein s'échapper un soupir
Que retient la pudeur, que l'amour renouvelle,
Et qui, sans l'outrager, accuse un infidèle.

Déja trois fois Phébus a terminé son cours
Sans lui rendre l'objet de ses chastes amours,
Et trois fois de retour, la vigilante aurore
L'a vue attendre en vain, mais espérer encore.
Pleure, épouse trompée, il est perdu pour toi
Cet époux qui reçut tes serments et ta foi !
Pleure ! dépouille-toi d'une vaine parure ;
Abandonne au hasard ta longue chevelure :
En vêtements de deuil change tes vêtements ;
Foule aux pieds ces métaux, ces pompeux ornements,
Dont l'inutile éclat sur ton front étincelle ;
Aux yeux de ton époux tu ne sembles plus belle,
Pleure !.... Non ; garde-toi de pleurer, de gémir ;
Tu ne sais pas encor ce que tu dois souffrir :
Fais aux pleurs de l'amour succéder le courage,
Regrette qui t'aimait, dédaigne qui t'outrage !
Peut-être cet époux, objet de tant d'ardeur,
Ne reviendra chez toi que pour navrer ton cœur ;
Peut-être y ramenant quelque indigne conquête.
Il te rendra témoin d'une coupable fête ;
De cette alcove, encor pleine de tes douleurs,
Peut-être entendras-tu leurs joyeuses clameurs !
Ou peut-être, au milieu d'une nuit désastreuse,
Au sortir d'un brelan, d'une scène honteuse,

Trahi, désespéré, mourant percé de coups,
On te ramenera ton malheureux époux!....
Peut-être.... tu frémis; arrêtons-nous, Sophie!
Calme le juste effroi dont ton ame est saisie;
Laissons cette jeunesse en proie à ses hasards,
Et dirigeons ailleurs nos vœux et nos regards.

# ÉPITRE III.



Il est un âge heureux où l'homme, jeune et sage,
Promet à notre amour un bonheur sans nuage;
Trente ans sont pour l'hymen un port presque assuré.
C'est là qu'il faut chercher un époux à ton gré,
Car je ne pense pas que, dans tes goûts extrême,
Affligeant la nature, et t'oubliant toi-même,
Faisant choix d'un vieillard.... Et pourquoi non? dis-tu,
« Par vos cruels tableaux mon esprit combattu,
« Juge que l'on ne peut, par trop de sacrifices,
« D'une union tranquille acheter les délices.
« Si peu sage à vingt ans, l'est-on dix ans plus tard?
« Non, je crois plus encore aux vertus d'un vieillard;
« Et quoique à ce dessein mon cœur faible résiste,
« Ma raison, je le sens, penche en faveur d'Ariste.
« Respecté du public, cher à tous ses amis,
« Il intéresse encor, malgré ses cheveux gris;
« Depuis un an la mort, de son bonheur jalouse,
« Ravit à son amour sa jeune et tendre épouse,

« Qu'une langueur secrète et rebelle aux secours
« Arrêta dans sa course, au printemps de ses jours ;
« Ariste en a gémi, mais, plus sage en sa peine,
« Il voudrait aujourd'hui former une autre chaîne ;
« Et moi-même, craignant les torts d'un jeune époux,
« Je pense qu'avec lui l'hymen me serait doux. »

Oui, cet hymen, Sophie, et je dois te le dire,
Semble à l'abri des maux que je viens de décrire ;
Il ne montrera pas à tes yeux inquiets
Un époux s'éloignant de tes jeunes attraits,
Ruinant à-la-fois son bonheur, sa fortune,
Que blesse le devoir, que la paix importune.
Mais que plutôt sur toi tombent cent fois ces maux,
Que tu formes des nœuds si fatals au repos !
Le jeune homme du moins, quand sa fougue est passée,
Peut revenir aux pieds d'une épouse sensée :
Son cœur que la nature encor n'a pas fini,
Peut dans l'erreur encor n'être pas endurci :
Dût-il ne mériter qu'abandon et que blâme,
Il lui reste du temps qui console une femme ;
Quelque rayon d'espoir luit au moins à ses yeux !
Mais un époux vieillard !.... Sais-tu quel trait affreux
Blessa mortellement la jeune infortunée

Qu'aux jours du digne Ariste on avait enchaînée ?

C'est l'horrible chagrin, qui, né du sein des pleurs,

Se nourrit de dégoûts, d'ennuis et de douleurs ;

Monstre, qui chaque jour dans une ame flétrie

Rompt un des nœuds sacrés qui font chérir la vie,

Et de son propre effet habile à s'irriter,

Donne enfin le trépas qu'il force à souhaiter.

Et ne vas point penser qu'Ariste soit barbare ,

Plus qu'un autre, inhumain, jaloux, tyran, bizarre ;

Ariste au fond du cœur ne se reproche rien :

Mais qu'attendre du sort dans un fatal lien ,

Misérable union en disputes féconde ,

Où l'un naît à la vie, et l'autre meurt au monde ;

Où chaque pas qu'on fait éloigne d'un plaisir ;

Où l'œil épouvanté ne voit pas d'avenir ;

Où des fleurs du printemps l'épouse couronnée

Des frimats de l'hyver se trouve environnée ;

Où d'un temps qui n'est plus l'inflexible rigueur

Elève un demi-siècle entre elle et le bonheur ?

Qu'attendre d'un époux dans cet âge terrible ,

Où l'on se trouve heureux de n'être plus sensible ;

Où la glace des sens pénétrant jusqu'au cœur,

D'un vieux garçon aimé fait un mari grondeur ;

Qui blâmant par boutade, approuvant par caprice,

Croit que l'âge est un titre, et la jeunesse un vice ;
Qui, de regrets amers sourdement consumé,
Est jaloux d'être craint plutôt que d'être aimé ;
Qui vient sans cesse à tout opposer une digue ;
Que l'ennui satisfait, que la gaîté fatigue ;
Qui croirait, sur le trône où le temps l'a porté,
Par un mot caressant blesser sa dignité ;
Qui, faisant redouter jusqu'à son indulgence,
Même eût-on quelque tort, en pardonnant, offense :
Et qui, d'un jeune cœur brisé de toutes parts
Quand la douleur enfin éclate à ses regards,
Va prendre, en sa cruelle et froide indifférence,
Les pleurs du désespoir pour les pleurs de l'enfance ?

Et ne crois pas non plus que, pour frapper tes yeux,
Je charge le tableau de traits insidieux !
Ariste est un vieillard tel que l'a rendu l'âge,
Il en est que l'on doit redouter davantage.
Je ne t'ai point parlé du vieillard emporté,
Dont rien ne satisfait l'inique volonté ;
Qui, s'il n'est point tyran, pense qu'il est esclave,
Et lorsqu'on obéit, dit encor qu'on le brave.
Je ne t'ai point parlé du vieillard soupçonneux ;
Du libertin, dont l'âge à peine éteint les feux,

Qui depuis soixante ans courant de femme en femme,

Par habitude encor pour chacune s'enflamme,

Et, ridicule en tout, est, dans sa déraison,

Infidèle au dehors, jaloux dans sa maison.

Je ne t'ai point parlé du sombre atrabilaire ;

Du vieux garçon dont l'ordre est la plus grande affaire,

A qui la porte ouverte, au milieu de l'été,

Sur le froid et le chaud fait faire un long traité ;

Que, pendant tout le temps qu'une visite dure,

Un meuble déplacé va mettre à la torture ;

Qui portant ses vieux goûts dans son nouvel état,

Aurait, s'il l'eût osé, fait mettre en son contrat

La forme, la couleur des robes de sa femme,

Ce qu'elle doit aimer, ce qu'il faut qu'elle blâme ;

Et sur-tout, que malgré l'usage.... scandaleux,

Il veut.... dîner à l'heure où dînaient ses aïeux.

Je ne t'ai point parlé de l'avare au teint blême,

Imbécille vautour qui se ronge lui-même :

Je ne t'ai point parlé de mille autres défauts,

De ces tristes liens redoutables fléaux.


Supposons toutefois que bonne et méritante,

Ou d'Ariste, ou d'un autre, épouse complaisante,

De tes devoirs sacrés te faisant un abri.

Tu parviennes à vivre auprès d'un vieux mari;
Supposons même encor que, respectable et sage,
Ce mari soit exempt des travers de son âge,
Que tes jours près de lui s'écoulent doucement,
Peut-être sans plaisir, mais aussi sans tourment.
Quand la fièvre, la toux, quand la goutte funeste,
De ses jours épuisés fatigueront le reste,
Crois-tu qu'il soit au monde un supplice plus grand
Que celui d'être unie à ce vieillard souffrant?
Il te faudra pourtant (car le devoir l'ordonne),
Avec soin nuit et jour veiller sur sa personne,
L'amuser, lui prouver, en dépit du bon sens,
Qu'on doit être encor jeune à soixante-quinze ans:
Dans sa chambre avec lui t'ensevelir vivante,
Et te voir à vingt ans sa première servante.
Sa servante, que dis-je! à ses regards, crois-moi,
Sa vieille gouvernante a plus d'attraits que toi.
Il l'écoute, la plaint, l'âge au moins les rassemble;
Elle a vu ses beaux jours, ils en parlent ensemble:
Regrettent le bon temps où l'on était heureux,
Et sur-tout contre toi s'unissent tous les deux.
Enfin, après dix ans de tourments et de transes,
Plus que lui, mille fois, maudissant ses souffrances,
Un jour (spectacle affreux dans l'âge du plaisir)

Tes yeux seront témoins de son dernier soupir.

Alors de ses neveux la foule avide et prompte

Viendra de tous ses biens te faire rendre compte;

Sur tes droits les plus clairs t'intenter un procès,

Te traiter à l'égal de tes moindres valets :

Et pour comble d'affronts, si ta famille sage

Ne t'a point fait doter d'un solide avantage,

Rends grâces au destin si, tout bien débattu,

Il te reste, pour vivre, un mince revenu.

On en voit cependant, on en voit quelques-unes

Sauver de cet enfer leurs jours et leurs fortunes;

Mais il n'en fut jamais, libre de tant d'ennuis,

Qui voulût acheter un empire à ce prix.


Je te le dis encor, c'est à trente ans, Sophie.

Que l'homme peut aimer celle qu'il a choisie.

Le desir inquiet qui l'avait égaré

Par la saine raison alors est épuré.

Du monde il a connu le charme fantastique;

Il sait apprécier le bonheur domestique;

Et vieux pour la raison, jeune encor pour l'amour,

D'un siècle d'union ne faire qu'un beau jour.

Dans un âge plus mûr il peut, toujours aimable,

Offrir à sa compagne un lien desirable :

Par un brillant automne, il peut la consoler
D'un été que sans elle on a vu s'écouler.
Mais déja ses penchants, ses goûts, ses habitudes,
Présentent quelquefois des formes un peu rudes.
Chez lui l'expérience alarmant le desir,
Il raisonne souvent quand il devrait sentir.
Reçoit-il les élans d'un cœur vif et sincère ?
Il sourit aux transports qu'il partageait naguère.
Aux vœux d'un jeune objet il craint de se plier ;
Sans vouloir commander, il rougit de prier ;
Il commence à trouver, plus libre en sa conduite,
Qu'un peu d'autorité doit avoir son mérite.
En vain on veut braver un si léger malheur ;
En vain on en conçoit de plus grands pour le cœur :
Le trait le moins aigu, l'épine la moins dure,
A force de piquer, font aussi leur blessure.
On n'a rien dit d'abord, ensuite on a blâmé,
Bientôt, au moindre mot le cœur est alarmé ;
Chaque petit chagrin de mille autres s'augmente :
Disons-le ; quoi que fasse une épouse prudente,
En ménage on n'est point à moitié révolté :
Un tourment d'un instant, chaque jour répété,
Devient avec le temps un poids insupportable,
De désordres, de pleurs, principe incalculable,

Et qui porte à-la-fois, dans un esprit ardent,
L'effroi de l'avenir, et l'ennui du présent.

Il est pourtant, Sophie, il est des circonstances
Qui de l'âge et du temps confondent les distances.
Tel qui dans sa jeunesse essuya des revers,
Brilla dans un haut rang, parcourut l'univers,
Semblable au jeune fruit dont la sève bouillonne
Sous le verre embrasé qui toujours l'environne,
De la maturité devance la saison.
Tel autre qui vécut obscur en sa maison,
Dont on retient les pas, qu'avec excès on aime,
Prolonge la jeunesse au-delà d'elle-même,
Et novice dans l'âge où l'esprit est formé,
Offre un guide moins sûr à l'hymen alarmé.
Enfin l'instinct du cœur, qui rarement s'égare,
Réunit quelquefois ceux que l'âge sépare ;
Mais ces exceptions, je ne puis le cacher,
Sont des biens qu'on reçoit sans devoir les chercher.
C'est un jeu qu'en riant se permet la nature,
Et qui, loin d'altérer sa marche toujours sûre,
Prouve qu'en son caprice, ainsi qu'en sa grandeur,
Son maternel amour veille à notre bonheur.
    Mais un nouvel aspect, un autre ordre de choses,

Des écueils de l'hymen vont te montrer les causes.
Ce n'est plus l'âge seul qu'il faut considérer,
Il peut nuire au bonheur, et non le procurer ;
La raison, la prudence exigent davantage.
Un époux à trente ans n'est plus, dans son ménage,
Un enfant que le temps peut éclairer enfin,
Un vieillard que la mort peut enlever demain :
C'est l'homme tel qu'il est, l'homme tel qu'il doit être ;
Déja, des passions moins esclave que maître ;
Au moral, au physique, à son plus beau degré,
De celle qu'il choisit compagnon révéré ;
Qu'elle va pas à pas suivre dans la carrière,
Qui seul décidera son existence entière ;
Et dont les mœurs, l'esprit, les goûts, même les torts,
Doivent trouver en toi mille secrets rapports.
Mais c'est ici qu'il faut, dans mes rimes sévères,
De l'homme dévoiler les nombreux caractères ;
C'est ici que je dois, forte d'un feu nouveau,
Du cœur humain entier soulever le rideau !

Amour de la justice ! élan sacré de l'ame,
Qui déja m'embrasas de ta céleste flamme ;
A qui je consacrai, dès mes plus jeunes ans,
Mes travaux, mes beaux jours, mes transports renaissants,

Viens, redouble en mon sein ta flamme généreuse !

Terminons dignement la tâche glorieuse

Qu'imposent à mon cœur, bien certain de ses droits,

Les larmes de mon sexe, affligé tant de fois ;

Et puisse à ces tableaux la beauté jeune encore,

Qui du titre de femme en riant se décore,

Comprenant la grandeur de cet engagement,

Sur des nœuds éternels réfléchir un moment.

# DISCOURS

## SUR LES DISSENTIONS

### DES

## GENS-DE-LETTRES.

# AVANT-PROPOS.

J'ai fait ce petit ouvrage en 1798, dans ce moment où, les troubles publics commençant à s'appaiser, les esprits encore exaspérés se plaisaient tellement aux disputes des gens-de-lettres, qu'elles étaient devenues, si on l'ose dire, une chose importante. La multitude de journaux qui paraissaient alors alimentait sans cesse ces discussions; chaque matin en voyait éclore un nouveau germe ; le public prenait parti au hasard, et les auteurs les plus paisibles n'étaient pas sûrs de voir respecter leurs talents, ni même leurs personnes.

J'ai toujours eu un extrême éloignement pour ces luttes plus ou moins scandaleuses; j'avouerai même que je n'en puis être le témoin indifférent, et que ce n'a jamais été sans douleur que j'ai vu le plus beau des arts se déshonorer à ce point. Ces sentiments, joints à quelques circonstances particulières, m'ont inspiré ce Discours en vers, ou plutôt cette *contre-satire*.

Aujourd'hui que de grands intérêts nous oc-
cupent, que les passions particulières se taisent,
que tous les yeux sont fixés sur un seul point,
qui est devenu le centre de l'univers, ces éga-
remens de l'esprit d'un petit nombre d'indi-
vidus paraîtront bien peu de chose ; néanmoins
les jalousies de talents, l'envie que l'on porte
au vrai mérite, et cet amour excessif de la renommée, auquel plusieurs hommes-de-lettres
sacrifient tout, ne sont pas des passions que
l'on puisse anéantir, ni même comprimer ; elles
reparaissent sans cesse sous une forme ou sous
une autre, et portent encore souvent, sinon le
trouble, au moins une sorte de désordre dans
la société ; il n'est pas même possible d'avoir
vécu quelque temps dans le monde sans avoir
pris une part quelconque à ces dissentions, soit
en les blâmant, soit en les approuvant, soit en
s'égayant aux dépens de celui qui attaque ou
de celui qui se défend.

Ce n'est donc pas entretenir le public d'un
objet qui lui soit étranger, que de lui rappeler
ces sortes de combats, et c'est ce qui m'a dé-
cidée à mettre de nouveau ce petit ouvrage
sous ses yeux.

# DISCOURS
## SUR LES DISSENTIONS
### DES
### GENS-DE-LETTRES.

QUEL funeste délire égare les auteurs ?
Quel démon sème entre eux les jalouses fureurs ?
Les chansons, les pamphlets, les noires épigrammes
Versent à flots pressés leur venin dans les ames.
On n'entend que les cris de l'auteur offensé,
Ou les ris indécents de ceux qui l'ont blessé.
Des droits les plus sacrés, sans égard, on se joue ;
On blâme sans justice, et sans justice on loue.
Qu'il ait tort ou raison, malheur au moins hardi :
Plus le trait est mordant, plus il est applaudi.
De journaux en journaux l'épigramme circule :
Si l'on ne donne un vice, on donne un ridicule.
L'âge, l'état, le sexe, on profite de tout :
On immole à-la-fois l'honneur et le bon goût ;

On trouble le repos de l'heureuse famille :
L'honnête homme frémit, le satirique brille ;
Le désœuvré s'amuse ; et l'auteur courroucé
Repousse avec fureur le trait qui l'a percé.

Dieu des vers, est-ce ainsi que l'on doit au Parnasse
Joindre l'art à la haine, et l'ivresse à l'audace ?
Est-ce ainsi que l'on doit, sans pudeur, sans pitié,
Consacrer son talent à son inimitié ?
Verra-t-on plus long-temps les favoris des Muses
S'abaisser, pour se nuire, aux intrigues, aux ruses ;
Tour-à-tour triomphants, tour-à-tour avilis,
Payer de leur honneur le droit d'être haïs ?
Verra-t-on plus long-temps des héros de collége
Porter sur le mérite une main sacrilége ?
Jeunes fous, au hasard l'un par l'autre excités ;
Rivaux, non en talents, mais en méchancetés.
Juste ciel ! que fera dans ce cahos horrible
L'auteur honnête et fier, l'ame pure et sensible ?
Comment, faible roseau, par tous les vents battu,
Pourra-t-il se soustraire au malheur d'être vu ?
Ira-t-il, rabaissant son ame magnanime,
Pour désarmer la main du censeur anonyme,
Dans un avant-propos sollicitant la paix,

S'avance demander pardon de ses succès ?
Ira-t-il, dévorant un mépris inutile,
Son ouvrage à la main, d'un air humble et tranquille,
De son propre ennemi mendier la faveur
D'être, dans un journal, cité sans déshonneur ?
Devra-t-il, accueillant des compliments perfides,
Sourire avec douceur à des êtres avides
Tout prêts à le punir à son moindre faux-pas,
Des succès qu'il obtient, et de ceux qu'ils n'ont pas ?
Sont-ce là les devoirs que le mérite impose ?
Et doit-on s'avilir pour être quelque chose ?....
Que dis-je ? ce moyen même est insuffisant :
On n'est point excusé quand on a du talent :
Dans ce siècle de fer, la haine a ses apôtres :
Désarmez un jaloux, il en renaît dix autres.

Si l'on pouvait au moins se dire : « Mes écrits
Plairont suivant les goûts, et suivant les esprits.
Ce qui déplaît à l'un, souvent l'autre l'approuve :
Chacun me jugera d'après ce qu'il éprouve ; »
Mais non ; les passions, les haines, les propos
Décident des beautés ainsi que des défauts.
L'esprit de parti blâme ou prône chaque page :
C'est l'auteur que l'on juge, et non pas son ouvrage.

Malheur, malheur à lui, si, par quelques hasards,
Pour un rimeur d'hier il a manqué d'égards !
Malheur, malheur à lui, si sa noble franchise
Au mérite réel ne souffre pas qu'on nuise !
Malheur, malheur à lui, si, plein de ses travaux,
Il n'a pas applaudi de prétendus bons mots !
De l'orgueil offensé la vengeance est affreuse.
La critique sans nom, l'épigramme haineuse,
D'un nuage de maux environnent son front :
A chaque pas qu'il fait, il croit voir un affront.
L'éloge, le regard lui semblent ironiques :
Pour son cœur ulcéré tout se change en critiques ;
Et pour comble de maux, par lui-même trompé,
Il presse bien souvent la main qui l'a frappé.

Je vous entends, censeurs, qui sermonez les autres :
Fermes dans nos revers, et faibles dans les vôtres,
Je vous entends répondre avec tranquillité :
« A quoi bon cet excès de sensibilité ?
« Le dédain, le mépris est une arme si sûre !
« Elle frappe à-la-fois la haine et l'imposture. »
Eh ! qui peut ignorer ces tristes vérités ?
Mais ne les dites point aux auteurs agités.
Ce n'est pas dans l'accès d'une fièvre brûlante

Que la raison élève une voix consolante.

Oui, le mépris arrive, et la douleur se perd ;

Mais ce mépris ne vient qu'après qu'on a souffert.

La sensibilité du génie est la source ;

Elle ne peut rester au milieu de sa course.

On sent également la peine et le plaisir :

Qui jouit du succès, du revers doit souffrir.


Je vous entends encore avec emphase dire :

« Si vous avez bien fait, cela doit vous suffire.

« La postérité seule a droit de vous juger :

« C'est elle des jaloux qui saura vous venger. »

Oui, l'auteur, dévoré du desir de la gloire,

Aime à se croire inscrit au temple de mémoire ;

Mais cet espoir flatteur, démenti si souvent,

Guérit du mal futur, et non du mal présent.

L'innocent accusé, que son cœur justifie,

N'en sent pas moins le coup qui l'arrache à la vie.

La chimère un instant peut élever la voix ;

Mais la réalité ne perd jamais ses droits.

Et quand il serait vrai qu'un talent véritable

Assurât au poëte une gloire durable,

Serait-ce une raison pour troubler ses succès ?

N'est-il donc que les sots qui puissent vivre en paix ?

Le talent serait-il un trésor si funeste,

Qu'il fallût l'acheter au prix de tout le reste,

Sous le prétexte vain qu'en dépit des jaloux

Nous serons applaudis deux siècles après nous?...


Étrange aveuglement de la délicatesse !

On rougirait d'aller, même dans la détresse,

Dérober à l'auteur un or peu précieux ;

Et le prix attendu d'un travail glorieux,

Ses succès, son bonheur, son trésor véritable,

On vient les lui ravir, sans se croire coupable !

Un homme, bien souvent, sensible, généreux,

Que l'on vit s'attendrir aux pleurs du malheureux,

Imprime de sang-froid la méprisable injure,

Et se rit des tourments qu'il cause à l'ame pure.

Oui, je redoute moins cet être réprouvé,

Au vice, par besoin, dès l'enfance élevé,

Qui, menaçant mes jours, aveugle en sa furie,

Me dérobe un métal nécessaire à sa vie.

De lui je sais, au moins, qu'il faut me garantir ;

Il est, au moins, des lois qui sauront le punir.

Je ne le verrai pas, tranquille avec audace,

En public, devant moi, venir prendre sa place,

Offrir aux traits malins du railleur ignorant

L'offensé confondu, l'offenseur triomphant.
Cet or qu'en risquant tout il parvient à me prendre,
Mon travail, mon ami, peut au moins me le rendre ;
Mais qui me défendra du trait empoisonné
Que loin de moi me lance un jaloux effréné ?
Qui punira l'auteur d'une indigne satire,
Sûre d'être approuvée alors qu'elle a fait rire ?
Quelle puissante main remettra sur mon front
Ce calme de l'honneur toujours exempt d'affront ?
Qui me garantira du souvenir perfide,
Du découragement, du chagrin homicide ?
Qui me rendra ces jours perdus en vains travaux,
Ces nuits que le bonheur destinait au repos ?.....
Voilà ce que dira, dans sa juste colère,
L'honnête homme indigné contre un lâche adversaire ;
Voilà ce qu'il dira, maudissant dans son cœur
Cent fois le jour, l'instant qui le rendit auteur.

Laissez, s'écrira-t-on, un fardeau si terrible.
Eh ! qui ne l'eût pas fait, s'il eût été possible ?
Quel est l'infortuné, blessé dans son enfant,
Qui n'ait formé, cent fois, ce projet décevant ?
Qnel est l'auteur troublé qui, dans son amertume,
Entre ses doigts tremblants n'ait écrasé sa plume ?

Vain espoir ! la nature est plus forte que lui ;
Elle élève la voix, et la raison a fui.
Son indignation ranime son courage ;
Sans le savoir lui-même, il reprend son ouvrage.
Ce charme que l'on sent, que l'on n'explique pas,
Jusque dans ses revers lui montre des appas.
A l'oubli destructeur il les préfère encore :
Il conçoit qu'on l'outrage, et non pas qu'on l'ignore :
Son cœur est plein encor de ses tourments divers ;
Mais l'espoir d'un succès guérit de cent revers.
Envieux des talents, ennemis de la gloire,
Vous pouvez à l'auteur arracher la victoire ;
Vous pouvez, dans son cœur, ouvert aux passions,
Porter, à chaque instant, mille agitations ;
Vous pouvez contre lui tourner ses propres armes :
Peut-être vous pourrez faire couler ses larmes ;
Mais vos efforts jaloux ne sauraient lui ravir
Le bonheur de créer, et le don de sentir.

Il en est cependant, des censeurs respectables,
Étrangers au plaisir de nuire à leurs semblables,
Dont le jugement sûr, dont la sage équité
Donne à chaque talent ce qu'il a mérité.
Il en existe aussi des auteurs impassibles,

Aux traits calomnieux, malgré tout, insensibles,
Qui par le froid dédain, ou le ris de pitié,
Confondent noblement la lâche inimitié.
Il en est, et ceux là, sans doute, sont les sages,
Qui couronnent leurs fronts du laurier des outrages;
Qui, des vaines clameurs jaloux d'être l'objet,
S'élèvent en raison des affronts qu'on leur fait.
O noble sentiment, viens épurer mon ame!
Porte dans mes esprits ta grandeur et ta flamme!
Déja tu m'enhardis, bravant le préjugé,
A défendre les droits de mon sexe outragé :
Un plus noble desir vient exciter mon zèle ;
Je ne viens plus m'armer pour ma propre querelle :
Auteurs, ma faible voix vient appeler sur vous
Cette sainte union que vous desirez tous !

Cessez, cessez enfin de porter au Parnasse
L'épigramme odieuse, ou la sombre menace ;
Cessez, cessez enfin d'applaudir lâchement
A l'art pernicieux de faire un vers méchant.
L'esprit n'est pas en vous tout ce que l'on souhaite :
Il faut être honnête homme avant d'être poëte.
Qu'importe le talent, s'il cache un cœur gâté ?
Qu'importe un nom connu, s'il devient détesté ?

L'art de blesser n'est pas un art si difficile.

N'est-on pas tous les jours piqué par un reptile ?

Qui veut toujours frapper doit atteindre souvent :

La haine a ses hasards ainsi que le talent.

Ah ! qu'un lien sacré désormais vous rassemble ;

Il est si doux d'aimer et d'admirer ensemble !

Unissez vos efforts, unissez vos lauriers ;

Que la paix et l'honneur rentrent dans vos foyers ;

Et s'il s'élève encor quelqu'être méprisable,

Qui du malheur d'autrui se fasse un jeu coupable,

Chassez de votre sein cet être vicieux ;

Que le nom de méchant le poursuive en tous lieux :

Que, seul dans l'univers, abreuvé d'amertume,

Le remords le déchire, et l'ennui le consume ;

Que la main d'un ami sensible et généreux,

A ses derniers moments ne ferme point ses yeux ;

Qu'il rende, en frémissant, sa dépouille à la terre,

Et qu'en horreur à tous, sa tombe solitaire,

De sa punition éternel monument,

Ne s'humecte jamais des pleurs du sentiment.

# SUR LES VOYAGES.

L'HOMME est né pour agir, pour voir, pour observer,
Pour bien juger de tout, il doit tout éprouver.
Une secrète voix lui répète sans cesse,
Qu'habitant de la terre, il faut qu'il la connaisse;
Que c'est en comparant qu'il pourra s'éclairer;
Qu'il est beau de savoir, et honteux d'ignorer.
A peine il vient de naître, on voit que la nature
Ne lui destine pas une existence obscure :
Sur le sein de sa mère il paraît inquiet;
Il souffre du repos, le tumulte lui plaît;
Chaque objet le ravit, l'inquiète, ou l'étonne;
Il veut voir et toucher tout ce qui l'environne :
Il demande, il obtient; il desire au-delà,
Et d'une chambre à l'autre il voyage déja.

Tout augmente bientôt sa jeune impatience,
Il grandit; ce qu'il voit se lie à ce qu'il pense :
Il entend raisonner sur cent peuples divers;
Sans le comprendre encor, il pressent l'univers;

Il voit l'homme partout, partout il voudrait être.

Pressé par le besoin, par l'instinct de connaître,

Sa tête se remplit de récits vrais ou faux ;

Des dangers qu'il suppose il se croit le héros.

Il tressaille au seul mot de courses, de voyages ;

En rêve il voit des mers, des rochers, des naufrages,

Et quand, au point du jour, ces fantômes ont fui,

Il s'éveille affligé de se trouver chez lui.


Que devient cependant cette inquiète flamme ?

Va-t-elle sans éclat s'échapper de son ame ?

Vers de grands résultats va-t-elle le guider ?

Le hasard qui fait tout peut seul en décider.


Trop cher à ses parents, dans sa maison natale

S'il voit de ses beaux ans fuir le court intervalle,

Et, s'il n'a point pour guide un maître studieux,

Qui parle à sa mémoire au défaut de ses yeux,

Dirige prudemment sa ferveur peu sensée,

Et qui fasse du moins voyager sa pensée ;

S'il ne répare point par son instruction,

L'obscure nullité de sa position ;

Ce desir de tout voir, qu'en naissant il apporte,

Sans fruit sur mille objets aveuglément se porte :

Avide de connaître, il s'instruit au hasard ;

L'erreur qui l'a frappé suffit à son regard ;

Centre d'un cercle étroit tracé par l'ignorance,

Où le savoir lui manque, il met la suffisance ;

Ce qu'il ne comprend pas, il le croit superflu,

Et ne doute de rien, parce qu'il n'a rien vu.

Mais s'il peut, écoutant l'instinct et la sagesse,

En parcourant le monde, éclairer sa jeunesse,

Quelle immense carrière il aperçoit soudain !

Ce n'est plus cet obscur et pédant citadin,

Qui juge, dans l'effort de son esprit stérile,

L'homme sur ses voisins, le monde sur sa ville,

C'est un être toujours à s'instruire obligé,

Qui ne peut faire un pas sans perdre un préjugé ;

A qui son intérêt et son expérience

Du vrai d'avec le faux prouvent la différence ;

Qui dans le cœur humain apprend comme il faut voir,

Et devient indulgent à force de savoir :

C'est un être nouveau, créé par la lumière,

Dont l'ame s'agrandit, dont la raison s'éclaire,

Et dont le goût, l'instinct et les réflexions,

S'épurent au foyer de mille opinions ;

C'est l'homme instruit enfin, l'homme par excellence.

Mais, comment acquérir cette noble science ?

Est-ce en courant le monde, en chargeant ses esprits
De mensonges, de faits au hasard recueillis ?
En bravant le danger, qu'évite la prudence ?
En s'exposant aux maux d'une éternelle absence ?
Non : voyager sans but, dans une folle ardeur,
C'est être vagabond et non pas voyageur.
Le sage en s'éclairant se trace une limite ;
Beaucoup voir ce n'est rien, bien voir fait le mérite.
Le voyageur doit tout à l'observation ;
Sa curiosité marche avec sa raison :
S'il desire connaître et peser chaque chose,
C'est pour juger l'effet en pénétrant la cause ;
Libre de préjugés, des peuples différents
Il compare les mœurs, les lois, et les penchants.
Il ne va point, armé d'une sotte férule,
Sur ce qui le surprend jeter le ridicule ;
Il craint de décider, s'avance pas à pas,
Et ne critique point ce qu'il ne comprend pas.
Il doit enfin, exempt d'un orgueil puérile,
S'instruire à chaque instant, mais pour se rendre utile ;
Et partout observant et le bien et le mal,
Rattacher ce qu'il voit à l'ordre général.

# FRAGMENT.

J'ai vu (mes yeux encore en répandent des larmes)
Un jeune et digne objet doué de mille charmes,
Une épouse unissant l'esprit à la beauté,
Et cependant trahie avec indignité;
J'ai vu, lorsque l'ingrat qui bravait sa tendresse,
La quittait pour voler aux pieds d'une maîtresse;
J'ai vu dans sa douleur ce que le sentiment
Offre de plus cruel et de plus déchirant;
Tantôt, sur son malheur tranquille en apparence,
Elle gardait long-temps un effrayant silence;
Tantôt, elle éclatait par des pleurs, par des cris,
Arrachait ses cheveux, déchirait ses habits;
Tantôt son désespoir se faisant seul entendre,
Elle exhalait ses maux dans un reproche tendre
Et suppliait l'ingrat, déja loin de ses yeux,
De venir réclamer un pardon généreux.
Quelquefois, dans l'espoir de confondre un perfide,
Dans l'ombre de la nuit, éperdue et sans guide,
Elle épiait ses pas, elle errait jusqu'au jour,

# FRAGMENT.

Autour des lieux témoins d'un adultère amour :
Cent fois au bord du seuil son pied tremblant s'avance,
Cent fois sa dignité rappelle sa prudence. . . .
Elle écoute pourtant ; mais ses sens trop émus
Saisissent au hasard des sons mal entendus,
Et, dans le moindre mot qui résonne autour d'elle,
Lui font trouver la voix d'un époux infidèle.
Long-temps mes yeux l'ont vue en proie à ces transports :
Chaque jour, de sa vie usait un des ressorts ;
Mais à vingt ans du sort on brave l'amertume,
Ce n'est que lentement que la douleur consume ;
La nature en son cours marchant également,
Ne joint qu'avec effort l'aurore et le couchant ;
Et l'épouse trompée, en sa courte carrière,
Mourait à chaque instant sans mourir tout entière.
Enfin, de son malheur le ciel prenant pitié,
Finit ses jeunes ans, trop longs de la moitié.
Près du coupable époux que ce spectacle horrible
A ses derniers moments au moins rendit sensible,
Elle attendit sa fin sans répandre des pleurs :
Heureuse de quitter ce séjour de douleurs ;
Mais pourtant se plaignant de ne pouvoir encore
Sacrifier sa vie à l'ingrat qu'elle adore.

# SCÈNE HÉROÏQUE

## SUR LE MARIAGE DE S. M. L'EMPEREUR

# NAPOLÉON,

## AVEC S. A. I. ET R. L'ARCHIDUCHESSE

# MARIE-LOUISE.

*Nota*. Cette Scène a été mise en musique par M. MARTINI.

# SCÈNE HÉROÏQUE

## SUR LE MARIAGE DE S. M. L'EMPEREUR

# NAPOLÉON,

## AVEC S. A. I. ET R. L'ARCHIDUCHESSE

## MARIE-LOUISE.

Dans ces jours de gloire et d'ivresse
Où l'univers partageait nos transports,
D'un peuple heureux la touchante allégresse
Retentit jusqu'aux sombres bords.
Des champs Élyséens la paix et le silence
Furent troublés pour la première fois ;
Pour chanter la beauté, la grandeur, la vaillance,
Chacun veut élever la voix :
Des sages, des héros, les ames généreuses
Semblent renaître à des accents si doux ;
On entend célébrer par leurs ombres heureuses
Le grand nom de celui qui les surpasse tous.

Cependant deux vieillards, une femme paraissent :
Ils ont frappé tous les regards.
Le myrte et le laurier se pressent
Sur leur front, inspiré par le plus beau des arts :
Tous trois, dans un divin délire,
Et sur la harpe et sur la lyre,
Modulent des accords et des sons triomphants ;
On les écoute : un d'eux fait entendre ces chants :


« Fils de Morven, dont la valeur antique
  « Avait percé la nuit des temps !
« Sage Fingal, dont l'aspect héroïque,
« De l'ennemi semblait glacer les sens,
« Oscar, illustre au printemps de ton âge !
« Morni, Fillan, vainqueurs de tant de rois !
  « Replongez-vous dans le nuage
« D'où vous mêliez vos accords à nos voix ;
  « A nos transports, à notre hommage,
« Le grand héros plus que vous a des droits :
« Un coin du monde a connu vos exploits,
« Le monde entier a connu son courage.


  « Bardes, dressez-lui des autels,
  « Saisissez vos harpes brillantes,

« Chantez ses travaux immortels,

« Et ses victoires éclatantes !

« Que par-tout vos glorieux sons,

« Disent l'amour qui nous transporte,

« Et que l'aile des vents les porte,

« Jusqu'au brave que nous chantons ! »


Mille fois applaudi par la foule empressée,

Ossian (c'était lui) s'arrête satisfait :

Mais de l'autre vieillard l'ame semble oppressée ;

Son front, d'abord riant, devient sombre, inquiet ;

     On voit qu'une triste pensée

De son enthousiasme a suspendu l'effet.


« Oui, j'admire, dit-il, le héros qui vous charme ;

     « Il m'a vaincu par sa grandeur :

     « Pourtant, une secrète alarme,

« A son nom trop fameux, s'élève dans mon cœur ;

« J'illustrai, dans mes vers, de la superbe Rome

« Les sages, les guerriers, sa gloire et son appui ;

« Mais, quelque grands qu'ils soient, je vois trop aujourd'hui

« Que plus qu'eux il a droit au beau nom de grand-homme.

« Politique, valeur, prudence, dignité,

« La nature a tout mis dans son vaste génie.

« Et mes mâles tableaux au Français enchanté

« N'offrent de ce qu'il voit qu'une faible copie.

« Sertorius, Pompée, et toi vaillant César,

   « C'est donc en vain que j'ai peint vos victoires !

« Le théâtre est désert aux chefs-d'œuvres de l'art,

« Comme aux fastes pompeux de vos nobles histoires.

« Eh ! qu'importe, en effet, à ce peuple indompté

« Des vieux maîtres du monde et l'éclat et la gloire,

« Quand son maître fournit à la postérité

« Tant de hauts faits plus grands, qu'elle aura peine à croir

     Il dit, et dans un beau dépit,

     Brise sa lyre mémorable,

   Et succombant au trouble qui l'accable,

Sous l'ombrage éternel il disparaît et fuit.

   Mais, tout-à-coup, d'une vive allégresse

     On entend les brillants éclats.

Sapho, qui des vieillards avait suivi les pas,

S'annonce par ces chants d'hymen et de tendresse :

   « Amour, Hymen ! dans ce riant séjour

   « Pourquoi ces mots et de gloire et de guerre ?

   « Vous seuls domptez le maître de la terre ;

   « Son cœur superbe est sensible à son tour ;

« Semblable au Dieu qui lance le tonnerre,

« Il a connu le pouvoir de l'amour.

« Amour, hymen, vous seuls pouvez nous plaire !

« C'est à vous seuls qu'appartient ce grand jour !


« O moments heureux pour la France !

« Une jeune beauté vers le héros s'avance :

« Sa grâce, sa grandeur, et son esprit orné,

« Brillent d'un triple éclat sur son front couronné ;

« C'est la fille des rois, qui de rois entourée,

« Vient offrir à l'hymen sa personne sacrée.

« Ses modestes regards, et ses chastes attraits

« Sont du bonheur les doux présages :

« De son peuple enivré les renaissants hommages

« S'offrent partout à ses yeux satisfaits :

« Elle est le garant de la paix,

« Elle sera l'amour de tous les âges.


« Mais de quel feu nouveau mon sein est agité !

« De l'avenir mon œil a traversé l'espace ;

« Dans les siècles futurs que mon regard embrasse,

« Je vois ce couple auguste, à jamais respecté,

« Porter encor la paix et la prospérité :

« Je vois sa noble et glorieuse race

« Aller, de fils en fils, à l'immortalité.

« Venez, ombres heureuses,

« Partagez mes transports ;

« Que vos voix harmonieuses

« S'unissent à mes accords.


« Imitons les jeux de la terre,

« Célébrons son bonheur par ces nœuds affermi :

« Que l'aigle, à l'aigle réuni,

« En soit le symbole prospère.

« Partout de chiffres amoureux,

« Que ces lieux de paix s'embellissent ;

« De danses et de chants joyeux,

« Que nos bocages retentissent ;

« De mille feux que l'éclat répété,

« D'un jour enchanté nous éclaire,

« Et que des rives du Léthé,

« Jaillissent des flots de lumière. »


Elle a dit : du sombre Achéron

On a vu tressaillir les ondes :

La troupe immortelle répond :

Ses chants ont résonné dans les voûtes profondes,

Et les noms de LOUISE et de NAPOLÉON

Sont célébrés dans tous les mondes.

# POÉSIES DIVERSES.

# POÉSIES DIVERSES.

## L'ÉTUDE.

Arts créateurs, doctes sciences,
Vives et pures jouissances,
Occupez, embrasez mon cœur !
Prouvez-moi par votre présence,
Que la passagère existence
Pour les mortels est un bonheur.
Je vois les jours de ma jeunesse,
Je vois ceux qui me sont offerts ;
Tout rit encore à mon ivresse ;
Pourtant vers la froide vieillesse
Je m'avance avec l'univers.
Le temps, que l'avenir appelle,
Pour moi ne s'arrêtera pas ;
Il suivra sa course éternelle,
Et l'âge enchaînera mes pas.
De moi-même trompeuse image,

Alors, sans pouvoir, sans desir,
Vivre sera mon seul ouvrage,
Vivre sera mon seul plaisir.
Mes yeux recevront la lumière,
Mon esprit la refusera,
Mon corps poursuivra sa carrière,
Celle de mon cœur finira....

Desir d'apprendre, de connaître,
Noble espoir d'agrandir son être,
Soyez mes appuis glorieux !
Étude, que ta flamme sainte,
Sur moi du moins laisse l'empreinte
De quelques rayons lumineux !
Et puisqu'un décret immuable
Me force enfin à succomber,
Puisque ma chûte est immanquable,
Que je plane avant de tomber.

Cependant ici je m'arrête....
L'homme est heureux s'il sait jouir :
Que m'importe, avant de mourir,
De quel laurier j'orne ma tête,
S'il est cueilli par le plaisir ?

Dans le dédale de l'étude

Peut-être je vais m'égarer ;

Du cahos de l'incertitude

Peut-être je vais m'entourer ;

Tandis que l'ignorant tranquile,

Fier de ne jamais hésiter,

Jouira du bonheur facile

De ne point apprendre à douter.

O riche et superbe indigence !

Il sait tout ce qu'il croit savoir,

Il ne conçoit point la science,

Alors qu'il ne la peut avoir.

Son existence c'est son livre :

Sans desirer de se survivre,

Il vit, c'en est assez pour lui ;

Que lui servirait de connaître

Que demain il va cesser d'être ?

Il sent qu'il existe aujourd'hui.

Si la fortune ou la naissance

Lui donne rang, éclat, honneur,

Sans efforts il a l'assurance

De sa gloire, de son bonheur ;

Si le sort au travail l'enchaîne,

Au moins, pour adoucir ses maux,

Il sait que ses sueurs, sa peine,
Finiront avec ses travaux,
Et que le cours de la semaine
Le conduit au jour du repos.
Mais moi, par l'étude enivrée,
Loin de ce calme bienfaiteur,
Déja, malgré moi, dévorée
Par le besoin d'être éclairée,
J'erre, au gré d'une vaine ardeur ;
Et dans la route où je m'avance
J'ignore si de ma constance
J'obtiendrai le prix mérité,
Et si j'aurai pour récompense
Le triomphe ou l'obscurité.

Mais quoi ! suivons ma destinée :
Fuyez, écarts de ma raison !
L'ignorance est empoisonnée,
Quand on a prononcé son nom.
Ce n'est plus cet être superbe,
Souriant à sa nullité ;
C'est Eve, se cachant sous l'herbe,
Honteuse de sa nudité.
Non, de l'ignorance passive,

Je ne peux plus suivre la loi;
De l'étude la clarté vive
A réveillé mon ame active,
La nuit n'existe plus pour moi.
Si cette clarté trop brillante
M'égare en mon noble desir;
Si de l'oubli qui m'épouvante,
Nul effort ne peut m'affranchir;
Si ce que je vais entreprendre
En vain je cherche à l'achever;
Si je suis contrainte à descendre,
Au moins j'aurai su m'élever.

Dignes moyens de se survivre,
Etude, arts, auxquels je me livre,
Secondez mon transport brûlant!
Guidez celle qui vous célèbre;
Et lorsque le crêpe funèbre
Couvrira mon dernier instant,
Quand j'aurai fourni ma carrière,
Ne me laissez pas toute entière
Tomber dans la nuit du néant.

# MIRTIL,

## IDYLLE, IMITÉE DE GESSNER.

Phébus avait pour nous terminé sa carrière,
Et dans d'autres climats portait des feux nouveaux :
Diane sur nos champs répandait sa lumière,
Et semblait argenter la surface des eaux.

Il était nuit : Mirtil regagnait sa chaumière,
S'éloignant à regret du chantre des hameaux ;
Tout-à-coup sous un arbre il aperçoit son père,
Savourant du sommeil les tranquilles pavots.

A travers les cheveux qui cachaient son visage,
On voyait sur son front et le calme et la paix :
Ainsi Phébus en vain s'entoure d'un nuage,
Le flambeau brille encor sous le nuage épais.

O toi ! qu'après les Dieux j'honore et je révère,
Mon père, dit Mirtil, que ton sommeil est pur ;

Que le sommeil du juste est riant, ô mon père !
C'est l'image du ciel que colore l'azur.


Sans doute, je le vois, ton active tendresse
Au devant de ton fils aura porté tes pas,
Et l'ombrage du lieu, sa fraîcheur, ta vieillesse,
T'auront d'un doux sommeil fait goûter les appas.


Dors, ô mon digne appui ; dors, sur toi le ciel veille ;
Dans nos fertiles champs notre troupeau bondit,
Et la vigne touffue, à la grappe vermeille,
Autour de notre asyle en berceau s'arrondit.


Mais les vents frais du soir parcourent la contrée,
L'air paraît surchargé d'un humide brouillard,
Déja sa chevelure en paraît pénétrée ;
Éveillons-le : et Mirtil éveilla le vieillard.


Mon père, l'air est froid, la nuit couvre la terre ;
Viens à l'abri, crois moi, dormir paisiblement :
Il dit ; et le vieillard marcha vers sa chaumière,
Sur son fils bien aimé s'appuyant doucement.

# AMYNTAS,

### IDYLLE, IMITÉE DE GESSNER.

La foudre avait grondé ; l'onde, en torrents rapides,
Descendait à grand bruit du sommet des côteaux,
Les vents sifflaient encore, et les troupeaux sans guides,
Tremblants et dispersés, erraient loin des hameaux.

Amyntas revenait de la forêt prochaine,
Le front couvert encor de pluie et de sueur ;
Il portait sa coignée, et traînait avec peine
Des perches, des rameaux, fruit d'un rude labeur.

Mais quoi ! la bienfaisance est-elle jamais lasse ?
Le berger aperçoit sur le bord d'un torrent
Un chêne qui, penché sur l'humide surface,
Bientôt allait céder aux efforts du courant.

L'onde avait, en roulant, dépouillé sa racine :
Non, je ne puis le voir, se dit-il, attendri,

Si beau, si jeune encor toucher à sa ruine ;
Prenons, pour le sauver, ces perches que voici.


Il dit, les jette à terre, oubliant sa fatigue :
J'en aurai, pensa-t-il, d'autres avant la nuit ;
Puis, autour du jeune arbre, il en forme une digue
Que d'une terre humide avec soin il remplit.


Et quand il eut fini, contemplant son ouvrage,
Quelques larmes de joie humectèrent ses yeux,
Et d'un air satisfait il sourit à l'ombrage
Du chêne conservé par ses soins généreux.


Content, il s'éloignait ; mais une voix propice
Le rappelle, exprimant la joie et ses transports.
De cet arbre c'était la nymphe protectrice,
Une Dryade enfin : il en était alors.


Tu conservas mes jours, ô berger ! lui dit-elle ;
Pauvre, tu ne conduis que deux chèvres au bois,
Que veux-tu ? parle, ordonne ; en faveur de ton zèle
J'accomplirai ton vœu ; je le puis, je le dois.


Nymphe, dit le berger, bienfaisante Dryade,

J'ai pour moi le travail, la force, et la gaîté;
Mais depuis la moisson mon voisin est malade,
O Nymphe, que Milon recouvre la santé !

Son vœu fut exaucé, Milon lui dut la vie ;
Mais lui-même depuis prospéra chaque jour ;
De ses nombreux troupeaux il couvrit la prairie.
Les Dieux ne laissent pas un bienfait sans retour.

# LA JEUNE MÈRE.

Objet sacré de mon amour,
Toi, que j'aime avant ta naissance,
O cher enfant qui dans ce jour
M'as fait sentir ton existence !
Mes bras pourront donc te presser !
Tu vas enfin voir la lumière;
Tu vas enfin venir sucer
Le sein nourricier de ta mère.

Un Dieu veille à notre destin;
Les mères ont un Dieu pour elles !
Déja quel courage divin
Passe en mes veines maternelles !
Entends ma voix, ô Dieu puissant !
De ce courage accrois la somme :
Je t'implore pour un enfant ;
Mais cet enfant doit être un homme !

Loin de moi ces soins étrangers
Que l'égoïsme seul ordonne !
Quels soins ne semblent pas légers,
Quand c'est à son fils qu'on les donne ?
Fuyez, fausse maternité,
Où l'art cherche en vain la nature ;
La source d'un lait acheté,
Pour mon fils n'est pas assez pure !

C'est sur mon sein qu'il va sentir
Les premiers feux de l'existence ;
C'est moi qui pourrai recueillir
Les premiers mots de son enfance ;
C'est moi seule qu'il cherchera,
En ouvrant l'œil à la lumière ;
C'est moi seule qu'il nommera,
En bégayant le nom de mère.

# LE DIVORCE,

## OU CONSEILS D'UNE MÈRE A SA FILLE.

Compagne de mon triste sort,
O ma fille! ô ma Clémentine!
Dans ta première enfance encor,
D'un père vivant orpheline;
Le malheur qui pèse sur nous
T'accable bien plus que ta mère :
On peut retrouver un époux,
Mais peut-on retrouver un père!

Le tien a rompu ses liens;
A son cœur même il fait injure;
Il te ravit un des soutiens
Que t'avait donnés la nature :
Pourtant, en s'éloignant de nous,
Il s'en repose sur ta mère;
Ce n'est pas agir en époux,
Mais c'est au moins juger en père.

Nous allons parler bien souvent
De lui, de sa flamme nouvelle ;
Je dois, aux yeux de son enfant,
Excuser sa faute cruelle ;
Mais si quelquefois, entre nous,
Mon cœur ne pouvant plus se taire,
J'oubliais qu'il fut mon époux,
Rappelle-moi qu'il est ton père.

Sur-tout, lorsque dans mes douleurs
Je cesserai de me contraindre,
Sur lui verse avec moi des pleurs ;
Mais laisse-moi seule m'en plaindre :
Les nœuds qui l'attachaient à nous
N'ont pas le même caractère :
Les hommes l'ont fait mon époux,
La nature l'a fait ton père.

Dans un monde froid ou méchant
Sois généreuse et circonspecte ;
Le public, même en l'accusant,
Voudra que ton cœur le respecte :
De père le titre si doux
Jamais, ma fille, ne s'altère ;

On peut voir les torts d'un époux,
On doit ignorer ceux d'un père.


Si, par un hasard douloureux,
En proie à sa vaine chimère,
Un jour il s'offrait à nos yeux
Avec celle qu'il nous préfère,
Dans ce moment cruel pour nous,
Pour calmer ma juste colère,
S'il se peut, cache moi l'époux,
Et ne me montre que le père.


Par un plus triste événement,
Dont frémit d'avance ta mère,
Quand tu le verras caressant
Les fils d'une femme étrangère,
Renferme dans ton cœur souffrant
Ta plainte, ta douleur amère,
Et va lui dire, en l'embrassant :
N'êtes-vous pas aussi mon père ?


Si, grace à la nature enfin,
Il revient vers nous et vers elle,
Sauve la moitié du chemin

A la dignité paternelle ;
Et qu'il apprenne, en te voyant
L'aimer et chercher à lui plaire,
Que je lui gardais son enfant,
Quand il lui ravissait son père.

# L'ISOLEMENT.

La nature a mis dans notre ame
La crainte d'être abandonné;
On aime le monde qu'on blame;
Qui s'isole est infortuné:
Le misanthrope en vain se fonde
Sur quelques sophismes pompeux;
De tous les maux le plus affreux
C'est de se croire seul au monde.

Est-on joué par sa maitresse,
Est-on trompé par son ami,
Est-on l'objet d'un trait qui blesse,
Par la fortune est-on trahi?
Contre le sort on peste, on gronde,
On s'emporte, et l'on n'a pas tort;

Mais tout cela vaut mieux encor
Que de se croire seul au monde.

Dans une prison solitaire
Un infortuné renfermé,
D'un mal que rien ne vient distraire,
Lentement se sent consumé :
Au sein de sa douleur profonde
Qu'un compagnon lui soit offert,
Au bonheur son cœur s'est r'ouvert,
Il ne se voit plus seul au monde.

L'avare, dans sa solitude,
Mourant de frayeur ou d'ennui :
Dévoré par l'inquiétude,
Le vieux garçon privé d'appui ;
Le méchant qui blesse, qui fronde ;
Et l'égoïste, et l'envieux,
Tous sont à jamais malheureux,
Parce qu'ils n'ont vu qu'eux au monde.

Il est pourtant, il faut le dire,
Un doux et cher isolement.

C'est celui qu'un tendre délire

Fait desirer au tendre amant.

D'une solitude profonde

Alors on craint peu la rigueur;

Quand on n'est pas seul dans son cœur,

On n'est jamais seul dans le monde.

# LA LIBERTÉ.

## A NICE.

Grace à tant de coquetteries,
O Nice ! je respire enfin,
Les Dieux, grâce à tes perfidies,
Ont pris pitié de mon destin.
Mon fol amour, fruit du mensonge,
Par ma raison est emporté ;
Ma liberté n'est plus un songe,
J'ai retrouvé ma liberté.

Qu'elle est loin cette vive flamme
Qui me poursuivait nuit et jour !
Le dédain même, dans mon ame,
Ne vient plus déguiser l'amour.
Qu'à te nommer on se hasarde,
Je ne change plus de couleur.

# LA LIBERTÀ.
## A NICE.
### DI METASTASIO.

Grazie agl' inganni tuoi,
  Al fin respiro, o Nice,
  Al fin d'un' infelice
  Ebber gli Dei pietà.
Sento da' lacci suoi,
  Sento che l'alma è sciolta;
  Non sogno questa volta,
  Non sogno libertà.

Mancò l'antico ardore;
  E son tranquillo a segno,
  Che in me non trova sdegno
  Per mascherarsi Amor.
Non cangio più colore,
  Quando il tuo nome ascolto:

Que tu paraisses, je regarde,
Et ne sens plus battre mon cœur.

Dans mes songes, si je sommeille,
Tes traits ne viennent plus s'offrir;
Quand le matin je me réveille,
Tu n'as plus mon premier soupir.
Loin de toi, mon ame n'éprouve
Aucun regret, aucun desir,
Et près de toi si je me trouve,
J'y suis sans peine et sans plaisir.

A ta beauté je rends justice,
Et mes sens n'en sont plus émus.
Je me plains de ton artifice,
Et je ne m'en indigne plus.
J'ai su vaincre ce trouble extrême,
Qu'en t'approchant je ressentais;
Et libre, avec mon rival même,
Je puis parler de tes attraits.

Jette-moi des regards de haine,
Parle-moi d'un ton caressant,
Désormais ta faveur est vaine,

Quando ti miro in volto,
Più non mi batte il cor.

Sogno, ma te non miro
Sempre ne' sogni miei,
Mi desto, e tu non sei
Il primo mio pensier.
Lungi da te m'aggiro,
Senza bramarti mai:
Son teco, e non mi fai
Nè pena, nè piacer.

Di tua beltà ragiono,
Nè intenerir mi sento:
I torti miei rammento,
E non mi sò sdegnar.
Confuso più non sono,
Quando mi vieni appresso:
Col mio Rivale istesso
Posso di te parlar.

Volgimi il guardo altero,
Parlami in volto umano,
Il tuo disprezzo è vano;

Et ton courroux est impuissant.
Sur moi ta voix n'a plus, volage!
Cet empire autrefois certain;
Tes yeux d'un cœur devenu sage
Ne connaissent plus le chemin.

Que j'éprouve une douce ivresse,
Que le chagrin trouble mon cœur,
Je ne te dois plus ma tristesse,
Je ne te dois plus mon bonheur.
Sans toi les prés, les champs, l'ombrage,
Ont encor des charmes pour moi;
Et dans un lieu triste et sauvage,
Je me déplais même avec toi.

Oui, Nice, tu me sembles belle;
Mais, je ne puis te le céler,
A mes regards tu n'es plus celle
Que rien ne pouvait égaler;
Même, en tes séduisantes graces,
(Pardonne-moi ces vérités)
De défauts j'aperçois des traces
Que je prenais pour des beautés.

E vano il tuo favor.
Che più l'usato impero
  Que' labbri in me non hanno :
  Quegli occhi più non sanno
  La via di questo cor.

Quel ch' or m' alletta, o spiace,
  Se lieto, o mesto or sono,
  Già non è più tuo dono,
  Già colpa tua non è.
Che senza te mi piace
  La selva, il colle, il prato :
  Ogni soggiorno ingrato
  M' annoja ancor con te.

Odi s' io son sincero :
  Ancor mi sembri bella ;
  Ma non mi sembri quella
  Che paragon non hà.
E ( non t' offenda il vero )
  Nel tuo leggiadro aspetto
  Or vedo alcun difetto,
  Che mi parea beltà.

Quand je voulus vaincre ma flamme;
(Je le confesse en rougissant)
La douleur déchira mon ame,
Je crus mourir au même instant.
Mais le péril était extrême :
Qui du joug prétend s'affranchir,
Qui veut se conquérir soi-même,
Ne doit pas craindre de souffrir.

Ainsi, l'oiseau qui se dégage
Des filets qui l'ont arrêté,
S'échappe, laissant son plumage,
Mais recouvrant sa liberté :
Bientôt, doux prix de sa souffrance !
Son plumage perdu renaît;
Instruit par son expérience,
Il fuit les dangers qu'il connaît.

Je sais que tu soutiens sans cesse
Que malgré moi je te chéri,
Que je parle trop de tendresse
Pour un amant si bien guéri :
Mais de ce frivole avantage,
Crois moi, ne viens plus te vanter;

Quando lo stral spezzai
   (Confesso il mio rossore)
   Spezzar m' intesi il core,
   Mi parve di morir.
Ma per uscir di guai,
   Per non vedersi oppresso,
   Per acquistar se stesso
   Tutto si può soffrir.


Nel visco, in cui s'avvenne
   Quell' augellin talora,
   Lascia le penne ancora,
   Ma torna in libertà.
Poi le perdute penne
   In pochi dì rinnova :
   Cauto divien per prova,
   Nè più tradir si fà.


Sò che non credi estinto
   In me l' incendio antico :
   Perch' io sì spesso il dico,
   Perchè tacer non sò.
Quel naturale istinto,
   Nice, a parlar mi sprona;

On aime à parler du naufrage,
Quand il n'est plus à redouter.


Dans ses foyers, avec délices,
Se rappelant ce qu'il souffrit,
Le guerrier, de ses cicatrices,
A tous les yeux s'enorgueillit :
L'esclave, libre, aussi raconte
Les maux de sa captivité ;
Les fers qu'il traînait avec honte,
Il les fait voir avec fierté.


Je parle pour me satisfaire,
Pour jouir de ma liberté ;
Je parle, et je pourrais me taire,
Sans en être plus agité ;
Je parle, mais toujours paisible,
Je ne daigne pas m'informer
Si l'on te voit froide, ou sensible,
Ou m'approuver, ou me blâmer.


Je laisse une amante volage,
Tu perds un cœur trop amoureux :
Qui de nous deux est le plus sage ?

Per cui ciascun ragiona
De rischj, che passò.

Dopo il crudel cimento
Narra i passati sdegni;
Di sue ferite i segni
Mostra il Gerrier così.
Mostra così contento
Schiavo, che uscì di pena,
La barbara catena,
Che strascinava un dì.

Parlo, ma sol parlando
Me sodisfar procuro:
Parlo, ma nulla io curo
Che tu mi presti fè.
Parlo, ma non dimando
Se approvi i detti miei,
Nè se tranquilla sei
Nel ragionar di me.

Io lascio un' incostante,
Tu perdi un cor sincero;
Non sò di noi primiero

Qui doit s'affliger de nous deux ?
Tu ne tiendras plus dans ta chaîne
Un amant si tendre que moi,
Et je pourrai trouver sans peine
Une coquette comme toi.

Chi s'abbia a consolar.
Sò che un sì fido amante
Non troverà più Nice :
Che un' altra ingannatrice
E facile a trovar.

# CONSEIL AUX FEMMES.

Jeunes beautés qu'Amour enflamme,
Jeunes beautés, écoutez-moi ;
Craignez d'abandonner votre ame
Au Dieu dont vous suivez la loi :
Source de joie et de tristesse,
C'est un ingrat, c'est un enfant ;
Il faut user d'un peu d'adresse,
Et l'enchaîner en lui cédant.

L'amour pour vous est une affaire,
L'amour pour l'homme est un plaisir ;
S'il est jaloux par caractère,
Il est volage par desir :
Imitez-le, lorsqu'il s'envole ;
Dès qu'il s'irrite, osez le fuir ;
Quand de sa perte on se console,
Il est prompt à reconquérir.

Quelque transport qui vous agite,
Ne pardonnez qu'avec effort :
Un pardon accordé trop vîte
Semble permettre un nouveau tort.
Que le mépris seul vous anime,
Si l'on blesse encor votre cœur;
Un second outrage est un crime,
Un premier peut être une erreur.

Ne pleurez jamais un volage,
Ne cherchez point à l'outrager;
Ce n'est qu'en montrant du courage
Qu'une femme doit se venger :
Pourtant évitez le coupable,
Vos feux pourraient se rallumer;
On trouve toujours trop aimable
L'amant qu'on doit cesser d'aimer.

Vous même, en votre humeur légère,
N'élevez point de vains débats :
Quand un objet cesse de plaire
On lui croit des torts qu'il n'a pas.
Le repentir suit les coquettes,
Plus on change et moins on est bien;

Restez toutes comme vous êtes,
Aimez long-temps, ou n'aimez rien.

Souvent, plus amoureux que tendre,
Un amant choque innocemment;
Il voit nos pleurs sans les comprendre,
Et blesse encore en s'excusant :
D'une fausse délicatesse
N'allez point alors vous armer ;
Songez qu'un peu de mal-adresse
N'empêche pas de bien aimer.

Quand du temps la faulx redoutable
Viendra moissonner vos attraits,
Qu'un esprit toujours plus aimable,
Fasse oublier un teint moins frais :
On attire par la figure,
Mais on conserve par l'esprit,
Et l'esprit est une parure
Que jamais le temps ne flétrit.

Si la vieillesse enfin vous glace,
Sachez renoncer aux amours;
Que l'amitié, prenant leur place,

Embellisse vos derniers jours :
Un vieux et paisible ménage
Connaît encor quelques douceurs ;
L'hiver a des jours sans nuage,
Et sous la neige il est des fleurs.

# L'INCONSTANT.

Ami, quel système est le tien ?
Tu rougirais d'être fidèle ;
Tu t'affranchis d'un doux lien
En voltigeant de belle en belle.
De ce travers qui te séduit,
L'amour te plaint, l'honneur te blâme ;
Laisse les rêves de l'esprit,
Cherche les vrais plaisirs de l'ame.

L'inconstant n'est jamais heureux,
Tout lui plaît et rien ne l'attache.
Pour son cœur toujours orageux,
Sous le plaisir l'ennui se cache.
Sans l'employer, sans la sentir,
Il prodigue son existence ;
Plus il contente le desir,
Moins il trouve la jouissance.

Au sein même des voluptés
Il accuse encor la fortune ;
Il adore trente beautés,
Et n'en saurait aimer aucune :
Toujours un secret repentir
Se mêle à sa plus douce ivresse ;
Il ne peut goûter un plaisir,
Qu'en regrettant celui qu'il laisse.

Le chérit-on avec ardeur,
Il aime à penser qu'on l'abuse ;
La ruse est toujours dans son cœur,
Dans tous les cœurs il voit la ruse :
Sans cesse au moment de trahir,
Il ne peut croire à la constance,
Et des maux qu'il fera souffrir,
Lui-même il se punit d'avance.

De succès il est altéré,
Le succès ne peut lui suffire :
Le bonheur qu'il a desiré
N'est jamais celui qu'il desire.
De tout il veut, il croit jouir ;
Mais pour lui, malgré l'apparence,

Le soir n'a point de souvenir,
Le matin n'a pas d'espérance.

Au délire du sentiment
Jamais son cœur ne s'abandonne;
Il calcule à chaque moment
Ce qu'il reçoit et ce qu'il donne :
Plus inquiet, plus alarmé
Que celles qu'il cherche à séduire,
Sans être heureux il est aimé,
Et ne sent pas ce qu'il inspire.

A peine il sort de son printemps,
Son cœur a fourni sa carrière;
Il dépense en quelques instants
Le bonheur de sa vie entière.
A trente ans maudissant le sort,
Victime d'un fatal systême,
Pour tout le monde jeune encor,
L'inconstant est vieux pour lui-même.

A vivre pour lui condamné,
Au port retrouvant les tempêtes,
Enfin il reste abandonné,

Seul, au milieu de ses conquêtes.
Un doux et long attachement
N'orne pas le soir de sa vie :
De mille objets il fut l'amant,
Il meurt sans avoir une amie.

# LE JALOUX.

Ces outrages que vous me faites,
Ingrat, quand seront-ils finis?
Connaîtrez-vous ce que vous êtes?
Connaîtrez-vous ce que je suis?

Près de moi tout vous fait ombrage,
Vous m'épiez matin et soir;
Ou vous me croyez bien peu sage,
Ou vous croyez bien peu valoir.

Qu'on me parle, qu'on m'applaudisse,
Vous êtes sombre ou malheureux;
Il faut donc que l'on me haïsse,
Pour me rendre aimable à vos yeux.

Ce frivole hommage vous pèse:
C'est être aussi par trop jaloux!
Qu'importe qu'à d'autres je plaise,
Si je ne me plais qu'avec vous.

Par un soupçon défavorable
Pourquoi toujous être alarmé?
Quand vous vous rendez moins aimable,
Croyez-vous être plus aimé?

Si je voulais changer de flamme,
Que me feraient ces vains éclats?
Rien ne peut retenir une ame
Quand l'amour ne la retient pas.

De cet excès de défiance,
Cherchez plutôt à vous guérir:
Toujours douter de ma constance,
C'est m'engager à la trahir.

Je vous aime, et je m'en fais gloire,
Je ne vis que pour vous aimer;
Mais n'allez pas me faire croire
Qu'un autre objet peut m'enflammer.

Tous deux vainqueurs, tous deux esclaves,
N'effarouchons point le plaisir;
L'amour peut avoir des entraves,
Mais il ne doit point les sentir.

# LA JEUNE FEMME POÈTE,

## OU

## L'AMOUR ET LA GLOIRE.

« De la gloire brûlante ivresse,
« Laisse un instant mon ame en paix !
« Dans mes beaux ans, de la tendresse
« Laisse moi goûter les attraits ;
« De ses regrets et de ses peines,
« Quand l'âge viendra m'accabler,
« Il sera temps que tu reviennes,
« O gloire ! pour me consoler.

« Le présent nous fuit et s'envole,
« Le passé ne nous entend plus ;
« Dans l'avenir, l'espoir frivole
« Porte nos vœux souvent déçus :
« Pour vivre au temple de mémoire,

« Dois-je oublier jusqu'à mon cœur ?
« Faut-il si loin chercher la gloire,
« Quand près de moi j'ai le bonheur !

« L'amour, dit-on, habile à feindre,
« Nous blesse et se rit de nos pleurs :
« La gloire est-elle moins à craindre ?
« En paix goûtons-nous ses faveurs ?
« Entre ces Dieux que l'on adore,
« Le choix peut-il être douteux ?
« Sans gloire on est heureux encore,
« Sans amour on n'est pas heureux.

« Mais faut-il que je sacrifie
« Ou mon éclat, ou mon bonheur ?
« La gloire peut charmer ma vie ;
« L'amour peut embraser mon cœur :
« Tentons une double victoire !
« Par-là plus de facheux retour ;
« Donnons mon esprit à la gloire,
« Et donnons mon cœur à l'amour.

C'est ainsi qu'en un beau délire,
Lise parlait dans son printemps,

Bientôt on couronne, on admire
En elle esprit, beauté, talents.
Mais d'une trop belle victoire
L'excès pourtant l'embarrassa,
Dans son été, toute à la gloire,
A l'amour elle renonça.

Alors, que de palmes brillantes
Payèrent ses nobles travaux !
Mais que de peines dévorantes,
Que d'injustices, de rivaux !....
Enfin, dans son automne, Lise,
De la gloire aussi se lassa,
Et s'aperçut, avec surprise,
Qu'on est heureux sans tout cela.

# LE MÉCHANT.

Il est un Dieu pour les auteurs,
Qui leur fait mépriser l'envie ;
Il est un Dieu pour les buveurs ;
Il est un Dieu pour la folie ;
Il est un Dieu pour les amants ;
Il est un Dieu pour la faiblesse ;
Il est un Dieu pour la vieillesse ;
Il n'en est pas pour les méchants.

On pardonne à l'homme indigent
Un peu d'humeur et d'injustice ;
On pardonne à l'homme imprudent
Un propos tenu sans malice ;
On pardonne au sot ignorant ;
On pardonne au juge sévère ;
On pardonne à l'homme en colère :
Mais jamais à l'homme méchant.

Celui que fuyait le bonheur,
Souvent le trouve dans les larmes ;
Le sage le trouve en son cœur,
Le guerrier dans le bruit des armes ;
L'amant le doit au sentiment,
La jeune fille à sa parure ;
Il est partout pour l'ame pure ;
Mais nulle part pour le méchant.

On aime jusques aux défauts
Du fils à qui l'on donna l'être ;
On aime, en souffrant mille maux,
L'infidèle qui les fit naître ;
Pour l'ingrat, s'il est repentant,
On ne peut être inexorable ;
Au supplice on plaint un coupable ;
Mais on hait toujours un méchant.

# LE BOUTON DE ROSE.

Bouton de rose,
Tu seras plus heureux que moi;
Car je te destine à ma Rose,
Et ma Rose est ainsi que toi
Bouton de rose.

Au sein de Rose,
Heureux bouton, tu vas mourir !
Moi, si j'étais bouton de rose,
Je ne mourrais que de plaisir
Au sein de Rose.

Au sein de Rose,
Tu pourras trouver un rival ;
Ne joute pas, bouton de rose !
Car, en beauté, rien n'est égal
Au sein de Rose.

Bouton de rose !

Adieu, Rose vient, je la voi :

S'il est une métempsycose,

Grands Dieux ! par pitié rendez-moi

Bouton de rose.

# LA COQUETTE.

DE la nature bienfaisante,
Églé reçut tous les présents :
Finesse, esprit, grâce touchante,
Air noble et doux, gaîté, bon sens ;
On est frappé par sa figure,
On est séduit par son regard ;
Mais elle sait, à force d'art,
Gâter les dons de la nature.

Sa taille est souple et délicate,
Un corps la gêne et la roidit ;
Sur son beau teint la rose éclate,
Un fard imposteur le ternit ;
Son pied souffre dans sa chaussure ;
Des cheveux cachent ses cheveux ;
Que de peine et de soins, grands Dieux !
Pour défigurer la nature.

Son attitude est composée,

Sa robe drape ses appas ;
Si sur vous sa main s'est posée,
C'est pour faire briller son bras.
Pour développer sa figure
Elle lève les yeux au ciel ;
Et l'air qu'elle croit naturel,
Est l'opposé de la nature.

Chante-t-elle ? sa voix sonore
Choque par de trop grands éclats ;
Danse-t-elle ? c'est Therpsychore,
Mais calculant ses moindres pas :
D'une sensibilité pure
Elle aime à vanter le tourment,
Mais c'est toujours en minaudant
Qu'elle parle de la nature.

Douce et bonne autant que jolie,
Elle est méchante par bon ton ;
Elle se lève, elle s'écrie,
Pour attirer l'attention ;
Enfin, beauté, talents, lecture,
En elle tout brille et déplaît :
Ah ! pour plaire il n'est qu'un secret,
Et c'est celui de la nature.

# SUR LA PERTE

## DES ILLUSIONS DE LA JEUNESSE.

Non, l'illusion mensongère
Ne peut nous rendre heureux long-temps :
Sa flamme vive, mais légère,
Ne survit pas à nos beaux ans.

Lorsque du temps suivant la course,
Dans notre été nous avançons,
Chaque moment que nous passons,
D'un prestige tarit la source.

Bientôt, l'austère vérité
A nos regards s'offre sans cesse,
Et, sous le nom de la sagesse,
Glace le cœur désenchanté.

Dans nos esprits elle fait naître

Une clarté qui les confond ;
Les hommes semblent ce qu'ils sont,
Et non plus ce qu'ils pourraient être.

Malgré soi, par le temps mûri,
Rien ne subjugue, rien n'étonne ;
Tranquille, aujourd'hui l'on raisonne
Sur ce qu'hier on eût senti.

Avec réserve l'on s'enflamme,
On juge même ce qui plaît ;
On sourit de l'injuste blâme
Dont naguères l'on s'indignait.

Plaisirs, talents, riantes grâces,
Vos voluptés sont déja loin ;
On veut encor suivre vos traces,
Mais on n'en sent plus le besoin.

Le dirai-je (ô pouvoir terrible
Du temps, qui dévore en secret) !
On rougirait d'être sensible,
Si la raison le défendait.

L'ame, pour s'attendrir sans honte,
Consulte la réflexion ;
Et déja, pour s'en rendre compte,
On sait braver l'émotion.

Ainsi la froide expérience,
Analysant même le cœur,
Semble donner à la prudence
Ce qu'elle ravit au bonheur.

Ainsi, de sa vie on efface
Jusqu'aux chimères de l'espoir,
Et l'on trouble l'instant qui passe,
Par l'instant que l'on veut prévoir.

Mais quoi ! l'homme doit-il se plaindre ?
La nature agit-elle en vain ?
Non ; vers le but qu'il faut atteindre
Elle nous conduit par la main.

C'est dans sa tendresse profonde
Qu'elle aime à nous porter des coups ;
Elle nous détache du monde,
Quand il se détache de nous.

A nos regrets inévitables
Sa prévoyance met un frein,
Et rend nos jours moins agréables,
Quand ils approchent de leur fin.

Par cette pente qu'il faut suivre,
En paix, au terme parvenu,
On sent que s'il est doux de vivre,
Il peut l'être d'avoir vécu.

Et lorsque tout nous abandonne,
Lorsque la mort vient nous saisir,
A l'homme que sa faulx moissonne
Elle n'ôte qu'un souvenir.

# A M. *****,

## QUI VANTAIT BEAUCOUP LA GALANTERIE DES ANCIENS CHEVALIERS.

Vos chevaliers du temps passé
Etaient sans doute fort aimables :
Mais, croyez moi, quoi qu'on en ait pensé,
Ils n'étaient pas aux nôtres préférables.
　　Les hommes ont toujours été
　　Un peu sujets à l'inconstance,
　　Et défenseurs de la beauté,
　　Plus par orgueil que par vaillance.
　　Formés des mêmes éléments,
　　En eux les âges, ni les temps,
　　N'apportent point de différence ;
　　Ils ne sont que ce qu'ils étaient,
　　Ils ne font que ce qu'ils faisaient,
Nul siecle n'est vraîment digne de préférence.
Aux dépens du présent, dont pourtant on jouit,

Exalter le passé que l'on ne connaît guères,
>Avouons-le, de notre esprit
>Ce sont les erreurs ordinaires.
>Grands et petits, sages et fous,
>Tous se repaissent de chimères,
>Et nos neveux diront de nous
>Ce que nous disons de nos pères.

# A M. *****.

Vous dites que je suis aimable,
Vous vous trompez, en vérité ;
Ce jugement trop favorable
Doit être entre nous discuté.

Je suis ce que l'on me fait être,
Je ne suis pas ce que je veux ;
Jamais mon esprit ne fut maître
De briller au gré de mes vœux.
Avec le sot je deviens bête,
Le fat me glace sans retour ;
Pour le méchant, que rien n'arrête,
Je deviens mordante à mon tour ;
J'honore à peine d'un sourire
L'ignorant que je vois briller,
Et je ne trouve rien à dire
Lorsque je cherche à bien parler.

Distraite dans un cercle immense,
Au hasard je vois et j'entends,
Et mes discours et mon silence,
Répondant à ce que je pense,
Viennent sans cesse à contre-temps.
Tantôt, pour ne blesser personne,
J'approuve tout aveuglement;
Pour la sottise qui l'étonne,
Mon esprit même est indulgent.
Tantôt, sur un mot je m'enflamme,
Sans que rien puisse m'allarmer;
Je peins cent travers, et les blame
Devant ceux qu'il en faut blamer.
Je ne sais pas être agréable,
Faire à propos des compliments,
Ni cacher sous un air affable
Le trait qui me blesse au dedans:
Par l'incertitude ou la crainte,
Mon esprit semble se roidir;
Et si, par la raison contrainte,
Ma bouche s'abaisse à la feinte,
Mes yeux ont soin de me trahir.
Le dirai-je? de la franchise
Cent fois j'éprouvai le danger;

Mais plus j'en connais la sottise,
Et moins je peux m'en corriger.
Enfin, le mérite estimable,
L'amitié sure et véritable,
Ont seuls le droit de me charmer,
Et je ne puis paraître aimable
Qu'avec ceux que je puis aimer.

Voilà pourquoi vous et les vôtres
Vous devez mal me juger tous :
Car (j'ose le dire entre nous)
Je puis être aimable pour vous,
Et fort maussade pour mille autres.

# VERS

### ÉCRITS SUR LE SOUVENIR D'UNE DAME.

De l'amitié qui nous console,
Ne perdez pas le souvenir.
L'amour plus ardent, mais frivole,
Alarme trop sur l'avenir :
Par lui, le cœur tendre et sincère
Est rarement apprécié :
A l'amour il faut toujours plaire,
On plait toujours à l'amitié.

# QUATRAIN.

Si ce portrait en nous porte un charme puissant,
Si de mille vertus il nous offre la trace,
S'il joint à la bonté la noblesse et la grâce,
N'en soyons pas surpris, c'est qu'il est ressemblant.

# MADRIGAL.

« **A**H ! si je le voyais le cruel qui m'outrage,
« Disais-je, il connaîtrait ce qu'il a dédaigné !
            « Pour calmer mon cœur indigné,
« Sans doute, il déploierait son perfide langage ;
« Mais l'honneur offensé soutiendrait mon courage ;
« Il a trahi l'amour, l'amour l'a condamné. »
Eh bien ! je l'ai revu, j'ai revu le volage ;
            Il n'a rien dit, et j'ai tout pardonné !

# BOUTADE.

Qu'une femme auteur est à plaindre !
Au diable soit le sot métier !
Qu'elle se fasse aimer ou craindre,
Chacun veut la déprécier.

Est-elle simple et solitaire ?
On crie *à l'affectation !*
Veut-elle un instant se distraire ?
*Elle veut se montrer*, dit-on :
Tout ce qu'elle ose se permettre,
En mal on sait l'interpréter ;
Elle ne peut parler, chanter,
Sourire sans se compromettre ;
Son silence blesse les sots,
Ses propos ne les touchent guère ;
Elle doit parler par bons mots,
Ou ne rien dire avec mystère.

Comme un animal curieux

Tantôt, chacun la considère ;

Tantôt, une bégueule altière

Lui jette un regard dédaigneux :

Un raisonneur, qui chez lui brille,

L'accable de ses lourds propos,

Et la renvoie à son aiguille,

Après quinze ans d'heureux travaux.

Une mégère la provoque,

Et lui fait, d'un ton radouci,

Tout haut, un éloge équivoque,

Tout bas, un affront réfléchi.

Un piètre auteur entre chez elle,

Malgré son ordre très-exprès,

Pour aller partout dire après :

*Je viens de chez madame telle ;*

*Nous avons ( je le dis tout bas )*

*Parlé de sa pièce nouvelle,*

*Et mes conseils n'y nuiront pas.*

Un poëte blâme sa prose,

Un prosateur blâme ses vers ;

On lui suppose cents travers,

On imprime ce qu'on suppose ;

Sur elle on ment, on rit, on glose,

Aux yeux trompés de l'univers.
Joignez à ces tourments divers
Les gentillesses de la chose :
Chansons, épigramme, pamphlet,
Menus propos des bons apôtres,
Et vous connaîtrez ce que c'est
Que d'être un peu moins sot que d'autres.

Au diable soit le sot métier !
Oui, j'y renonce pour la vie ;
Fuyez, encre, plumes, papier,
Amour des vers, rage ou folie :
Mais non ; revenez m'aveugler,
Bravez ces clameurs indiscrètes !
Ah ! vous savez me consoler
De tous les maux que vous me faites.

# SAPHO,

## TRAGÉDIE-LYRIQUE,

### EN TROIS ACTES ET EN VERS;

REPRÉSENTÉE, POUR LA PREMIÈRE FOIS, SUR LE THÉATRE DE
LA RUE DE LOUVOIS, LE 14 DÉCEMBRE 1794.

# À mon Père.

O toi, qui formas mon jeune âge,
De mes premiers travaux daigne accueillir le fruit !
Si mon succès a flatté mon esprit,
Mon cœur a plus encor besoin de ton suffrage.
A ta retraite, asile de la paix,
Qu'embellissent les arts, l'étude, la science,
Que ma Sapho prête encor des attraits !
Qu'elle supplée à ma présence !
Accorde-lui cette heureuse indulgence
Dont tant de fois j'ai senti les effets ;
Et qu'à tes regards satisfaits
Elle soit le garant de ma reconnaissance,
Comme elle est, à mes yeux, la preuve des bienfaits
Dont ton cœur paternel a comblé mon enfance.

Décembre 1794.

# PRÉCIS

## DE LA VIE DE SAPHO.

SAPHO, femme célèbre par ses talents pour la Poésie, naquit à Mytilène, capitale de l'île de Lesbos, environ six cents ans avant l'ère vulgaire. Les détails de son existence ne sont point parvenus jusqu'à nous d'une manière assez sûre pour pouvoir être offerts ici comme faits historiques. On ne peut que chercher à fixer les idées, en rappelant ce qu'en ont dit quelques écrivains plus ou moins dignes de foi. Ce qui paraît cependant certain, c'est le mariage qu'elle contracta, presque au sortir de l'enfance, avec un des plus riches habitants de l'île d'Andros, dont elle devint veuve peu après : ce fut sans doute alors que son imagination ardente lui fit faire le premier pas dans une carrière où il est difficile de s'arrêter. Elle

sentait vivement, elle exprima de même, et
devint par là l'objet de l'admiration de plusieurs
poëtes de son temps, et celui de la critique de
beaucoup d'autres; car l'orgueil des hommes
est aussi vieux que le monde, et ce n'est pas
sans un véritable chagrin qu'ils se voient ex-
posés au danger de trouver des rivales dans un
sexe où ils ne cherchent que des admiratrices.
Quoi qu'il en soit, la marche du génie est in-
variable, les vaines clameurs qui, de tous temps,
se sont élevées contre le talent des femmes,
n'ont jamais empêché qu'elles n'en eussent, et
que souvent leur nom ne fût placé, par les
hommes même, au rang des noms le plus justement célèbres. Sapho en est une preuve mémorable. Sa renommée avait parcouru la Grèce;
les femmes qui se sentaient des dispositions
pour la poésie s'empressèrent de se rendre auprès d'elle pour recevoir ses leçons. Erinne,
Eunice, Thélésile, et quelques autres qui ont
acquis de la célébrité, étaient de ce nombre; de
jeunes filles de Lesbos suivirent leur exemple,
et il résulta de là une espèce d'académie, source

dans laquelle les ennemis de Sapho puisèrent
les moyens de se consoler de ses succès : ne
pouvant dénigrer ses talents, ils dénigrèrent
ses mœurs, et ce ne fut qu'à cette condition
qu'ils la laissèrent jouir d'une réputation à
laquelle ils avaient fait une tache ineffaçable.

Mais l'amour devait encore ajouter à ses
malheurs et à sa célébrité. Phaon, jeune homme
d'une beauté extraordinaire, parut à Mitylène,
et inspira à Sapho la passion la plus vive. Il
paraît qu'il n'en sentit pas tout le prix, et que
cet amour malheureux porta un extrême désordre dans le cœur de Sapho. Elle se livra sans
réserve au triste plaisir de chanter ses peines,
et laissa, par là, à la postérité des ouvrages qui
attestent à-la-fois la force de sa passion et celle
de son génie. Mais Phaon, peu sensible à tant
d'amour, ayant, dit-on, enlevé une de ses
élèves, son désespoir ne connut plus de bornes;
elle suivit son infidèle jusqu'en Sicile (1), et,

(1) L'auteur du Voyage d'Anacharsis assure que ce ne
fut que pour fuir une persécution dirigée contre elle que
Sapho quitta Mitylène. Le savant M. Visconti va plus loin;

là , rebutée encore par lui , elle se résolut à tenter la funeste épreuve du saut de Leucade (1), que quelques exemples semblables avaient déja rendu fameux. Personne n'ignore qu'elle en fut la victime , comme cela devait être , et que ses ennemis eurent enfin à triompher et de sa faiblesse et de son courage.

Sapho , à ce qu'il paraît , n'était pas régulié-rement belle, mais le feu et la grâce qui ani-maient ses écrits étaient sans doute répandus

il prétend qu'il a existé deux Sapho, dont l'une était la célèbre poète , et l'autre une courtisanne, et que c'est à cette dernière que se rapporte la catastrophe du saut de Leucade.

Voyez les Voyages d'Anacharsis, Tome II, chap. 3, et la note sur ce chapitre, et l'Iconographie grecque, par E. Q. Visconti.

(1) L'île de Leucade est située dans la mer Ionienne ; à l'une des extrémités de cette île est un rocher très-élevé, et fort avancé dans la mer. C'est sur ce rocher qu'il y avait au-trefois un temple dédié à Apollon ; les prêtres qui le des-servaient, publiaient, pour l'accréditer , que les amants qui se précipiteraient du rocher dans la mer, recouvreraient leur première indifférence , s'ils avaient le bonheur d'é-chapper à la mort. L'exemple de Sapho , et de plusieurs autres dont l'amour avait égaré la raison, prouve trop le succès qu'eut cette imposture inhumaine.

sur sa physionomie. Ses concitoyens, pour lui témoigner leur admiration, firent graver son image sur leurs monnaies. Les Grecs la surnommèrent la dixième Muse, et donnèrent son nom à une sorte de vers qu'elle avait inventée. C'est sur ce rhythme qu'elle a composé la plupart de ses ouvrages; peu sont parvenus jusqu'à nous; mais l'hommage que lui rend Ovide, l'Hymne à Vénus, citée par Denys d'Halicarnasse, et l'Ode que Boileau a traduite d'après Longin, suffisent pour donner une idée de ses grands talents.

C'est dans ce sujet simple, mais beau et attendrissant, moitié romanesque, et moitié historique, que j'ai puisé l'espèce de tragédie que j'offre ici au public. Je serai satisfaite, si ce premier essai de mes talents dramatiques, fruit d'une année de travail, est lu avec autant d'intérêt qu'il a été entendu (1).

(1) Cette pièce a eu plus de cent représentations.

# PERSONNAGES.

SAPHO.

STÉSICHORE, poète grec, vieillard, ami de Sapho.

PHAON.

DAMOPHILE, fausse amie de Sapho.

CLÉIS, élève de Sapho et amante de Phaon.

ÉRINNE, première élève de Sapho.

Le GRAND PRÊTRE du temple d'Apollon.

Un PRÊTRE.

ÉLÈVES.

Une LEUCADIENNE.

LEUCADIENS.

LEUCADIENNES.

ENFANTS.

PLUSIEURS HOMMES.

La scène est dans l'île de Leucade.

*La musique de cet Opéra est de M. MARTINI.*

# SAPHO,

## TRAGÉDIE-LYRIQUE.

## ACTE PREMIER.

Le théâtre représente l'intérieur de l'appartement de Sapho.
Elle est à demi couchée sur un lit et paraît absorbée
dans sa douleur: Damophile est à sa droite, appuyée sur
une table, sur laquelle est une lyre; Erinne est de
l'autre côté. Le reste de la scène est occupé par les
Élèves, artistement grouppées ; elles tiennent des lyres,
harpes et autres instruments antiques, et ont les yeux
fixés sur Sapho. On brûle des parfums dans un vase posé
sur un trépied.

## SCÈNE I.

## SAPHO, DAMOPHILE, ÉRINNE, ÉLÈVES.

### LES ÉLÈVES.

Fille du ciel, douce harmonie !
Calme le tourment de son cœur ;
Par la tendre mélancolie ,

 ## SAPHO.

Trompe, s'il se peut, sa douleur;
Répands dans son ame attendrie
La clarté pure du bonheur.
Pour un perfide qui l'oublie,
Elle veut renoncer au jour;
Fais-lui chérir la vie,
Fais-lui haïr l'amour.

### ÉRINNE.

Ornement de la Grèce,
Sapho, l'amitié vous en presse,
Ah! cessez de gémir!
D'un ingrat qui vous laisse,
Perdez le souvenir,
Méprisez la tendresse,
Sans elle on peut jouir;
Il est plus d'une ivresse.
Il est plus d'un moyen d'enchaîner le plaisir.

(*Danse gracieuse.*)

### LE CHOEUR.

Méprisons la tendresse,
Sans elle on peut jouir, etc.

### SAPHO.

(*Elle paraît sortir de son accablement, et jette doulou-*
*reusement les yeux sur tout ce qui l'entoure*).

Je ne sais.... mais ces chants m'importunent, me blessent;
Sans soulager mon cœur, ils agitent mes sens....
Je les regrette quand ils cessent,

Et je souffre encor plus lorsque je les entends....
(*A ses Élèves*).

Cessez ces tendres soins que l'amitié m'apprête ;

Que peuvent-ils contre l'amour ?

L'onde qu'agite la tempête,

Peut-elle réfléchir les rayons d'un beau jour ?

ÉRINNE.

Oui, nos chants calmeront votre douleur extrême.

SAPHO.

Non, laissez-moi plutôt pleurer celui que j'aime :

Gémir est le seul bien des amants malheureux !

(*Elle se lève, et marche avec agitation : Damophile
l'observe d'un œil sombre*).

Que dis-je ? il en est un, digne présent des Dieux,

Que m'offre leur bonté, quand leur courroux m'accable;

C'est à Leucade, dans ces lieux....

Que Sapho, tourmentée, errante, inconsolable,

Vient chercher, dans le sein des flots impétueux,

Ou la fin de sa vie, ou celle de ses feux.

Déja, plus d'une fois, brûlante d'un saint zèle,

J'ai gravi ce rocher si funeste aux amants ;

Mais la voix d'un ami trop tendre et trop fidèle,

Malgré moi m'a rendue à mes cruels tourments :
(*Avec feu*).

Stésichore, est-ce ainsi que tu sers ton amie ?

Ne suivis-tu mes pas que pour les enchaîner?

Vas, tu me veux en vain faire chérir la vie,

Par l'excès de mes maux je me sens entraîner.

(*Elle veut sortir, Érinne et les Élèves se précipitent sur son passage ; Damophile s'avance aussi , mais lentement*).

ÉRINNE.

Avant d'exécuter ces desseins téméraires,

Jetez au moins sur nous un regard de bonté.

Pour vous nous avons tout quitté ;

Nous avons délaissé notre pays, nos pères ;

Jouets d'un sort cruel contre nous irrité,

En murmures jamais avons-nous éclaté ?

Jamais avons-nous regretté

Nos tranquilles foyers, nos amis ou nos frères ?

Et vous abandonnez vos disciples si chères !

Est-ce donc là le prix de la fidélité ?

SAPHO.

Cessez par vos discours d'accabler mon courage ;

Je le vois, je le sens, vos maux sont mon ouvrage ;

Mais par pitié cachez-le moi !

Mon cœur n'a pas besoin de souffrir davantage....

Si du destin la dure loi

Me fait périr sur ce rivage ,

Retournez à Lesbos, et calmez cet effroi ;

Damophile aura soin, pendant ce long voyage,

D'écarter de vos pas les erreurs de votre âge....

Sur-tout, gardez-vous bien d'engager votre foi....

(*à Damophile*).

Puis-je de leur bonheur m'en reposer sur toi?

DAMOPHILE.

Ainsi que vous, déja je leur servais de mère....

SAPHO, *à ses Élèves.*

Rassurez-vous sur vos destins.

Adieu!

LES ÉLÈVES, *l'arrêtant avec effroi.*

Non....

SAPHO.

Laissez-moi....

ÉRINNE.

Dussé-je vous déplaire,

Je saurai traverser ces barbares desseins.

(*Aux élèves.*)

Jamais ne nous séparons d'elle.

SAPHO.

Vous me faites souffrir une mort trop cruelle.

ÉRINNE.

O Phaon, Phaon, qu'as-tu fait!

SAPHO, *frappée.*

Quel nom prononces-tu ?

DAMOPHILE.

Celui d'un infidèle ;

ÉRINNE.

Qui de votre mépris devrait être l'objet.

SAPHO, *vivement..*

Ce que tu dis est vrai, redis-le moi sans cesse ;
Garantis-moi par-là d'une indigne faiblesse,
Peins-moi bien cet objet dont mon cœur est épris ;
Peins-moi ce que je suis,
Ce que je devrais être ;
Fais-moi honte des fers que m'impose un tel maître...
Mais pour mieux consoler mes funestes regrets,
Si je chantais ces vers où troublée, éperdue,
Je rappellais ses torts pour me rendre à la paix....
Oui.... des maux de mon cœur ils calmeront l'excès.

ÉRINNE.

O dangereux moyen !

SAPHO.

O douleur qui me tue !

DAMOPHILE, *à part.*

Elle sert mieux que moi ma haine et mes projets.
*( Les Élèves se replacent et reprennent leurs lyres ).*

**SAPHO.**

**ROMANCE.**

Je vivais heureuse et tranquille
Au sein des arts consolateurs,
L'amitié paisible et docile
Sur moi répandait ses faveurs :
Je vis Phaon, et de mon ame
L'amour, tout-à-coup, s'empara ! . . . .
Je voulus lui peindre ma flamme ;
Mais il la connaissait déja.

2.

Dans son regard qu'il sut trop feindre,
Je crus voir la joie éclater :
Si l'amour est prompt à se plaindre,
Il est plus prompt à se flatter.
O douce et pure jouissance,
Que tu m'apprètais à souffrir ! . . . . .
Faut-il que le bonheur commence
Alors qu'il doit si tôt finir !

*( Après un moment de silence, elle dit en souriant à
ses Élèves ) :*

De cet heureux moment je me souviens encore :
Je n'étais pas en proie à ce feu qui dévore,
C'était un doux sommeil, un calme bienfaiteur,
Dont je voudrais en vain décrire la douceur....
Dans un monde nouveau je me crus transportée !

J'admirais d'un ciel pur la couleur argentée :

Mon cœur se dilatait aux rayons d'un beau jour,

Et Phœbus, nouveau Prométhée,

Eclairait l'univers du flambeau de l'amour....

Cruel réveil, fatal retour !

(*Elle se trouble*).

### 3.

J'avais une élève chérie,

Objet de mes soins empressés,

Qni me devait tout, hors la vie ;

Mais quoi ! n'était-ce pas assez ?

Dans son sein avec complaisance,

De mon cœur j'épanchais les feux ;.....

Grands dieux ! un jour, d'intelligence,

Elle et Phaon fuirent tous deux !

O souvenir cruel ! ô douleur accablante !

Et je puis vivre après ce coup affreux !

Et je puis refuser la mort qui se présente ?....

Je veux mourir, oui je le veux !

Laissez-moi, laissez-moi, c'est l'amour qui l'ordonne.

(*Elle veut sortir ; Stésichore paraît*).

# SCÈNE II.

LES PRÉCÉDENTS, STÉSICHORE.

ÉRINNE.

Ah ! par pitié, venez appaiser son transport !
Elle nous fuit, elle nous abandonne
Pour chercher dans les flots le repos ou la mort.

STÉSICHORE.

Qu'entends-je, et quel dessein barbare !
Toujours de l'amitié, quoi ! l'amour vous sépare.
Est-ce donc là le prix de nos frayeurs pour vous ?
Et ne craignez-vous pas d'être ingrate envers nous ?

SAPHO.

Ah ! l'ingratitude est un crime
Qui dans mon sein n'entra jamais ;
Et me soustraire à vos bienfaits,
Ce n'est que refuser d'en être la victime.
Tendre ami, par mes pleurs j'ose vous en prier,
Cessez de tourmenter une faible mortelle !...
Pour mériter la vie, il faut l'apprécier :
Laissez-moi retomber dans la nuit éternelle ;
Et que de vos bienfaits ce soit là le dernier !

STÉSICHORE.

Craignez ces vains écarts d'un esprit téméraire :

Vous m'avez quelquefois donné le nom de père,
Ma fille, dans mon sein venez vous épancher.

La paix habite sur la terre,
Mais il faut savoir l'y chercher.

SAPHO.

Non, non, déja souvent votre amitié trop tendre,
Malgré moi lâchement m'a contrainte à me rendre,
Je prétends la braver; le jour m'est odieux....

STÉSICHORE.

Eh bien, ingrate, allez, bravez aussi les Dieux;
Ils ont en vous formant signalé leur puissance,
Dégagez-vous du poids de la reconnaissance :
Méconnaissez leurs soins en dédaignant des jours
Dont leur main bienfaisante a ménagé le cours,

Et, dans l'erreur qui vous entraîne,
Allez leur présenter une victime humaine !

SAPHO.

Je crois leur obéir, et non les insulter :
Leur sainte volonté se fait assez connaître;
Ils ordonnent ici, par la voix du grand prêtre,
Aux amants malheureux de se précipiter.

STÉSICHORE.

Les Dieux n'ordonnent pas un pareil sacrifice;
Et des maux qu'il se fait, l'homme seul est complice.

Est-ce donc là le sort que vous devez subir ?

Et Sapho jusques-là peut-elle s'avilir ?

Vous dont le nom superbe a parcouru la Grèce,

A l'ombre des lauriers qui couvrent le Permesse,

Vous, rivale d'Alcée !...

DAMOPHILE, avec amertume.

Objet de son desir !...

STÉSICHORE.

Triomphante à-la-fois par vos chants, par vos graces,

Et forçant vos rivaux à chérir leurs disgraces,

Vous Sapho !... pour Phaon on vous verrait mourir ?

Est-ce ainsi que l'amour triomphe de la gloire ?

Est-ce ainsi qu'un grand cœur suit un vain sentiment ?

Et lorsque l'on doit vivre au temple de mémoire,

Faut-il pour un mortel mourir honteusement !

SAPHO.

O mon digne soutien, ô mon ami, mon père !

Je sens à votre voix ma raison s'affermir ;

Que n'ai-je toujours eu votre appui salutaire ?

Je vous dois le jour qui m'éclaire !...

Mais tremblante, et si prête encore à me trahir,

De ce nouveau bienfait quel emploi puis-je faire ?

STÉSICHORE.

L'étude et vos talents vous rendront au bonheur ;

Occuper son esprit, c'est soulager son cœur.

ARIETTE.

Aux beaux-arts livrez-vous sans cesse,
Qu'ils enchantent tous vos loisirs;
Ils n'ont point de trait qui nous blesse,
Il n'est point avec eux de fâcheux souvenirs.
Au sein d'une aimable innocence,
Ils font passer d'heureux moments;
Les talents charment l'existence,
Les arts en fixent les instants.

Chaque aurore par sa présence,
Éclaire de nouveaux succès;
Chaque soir, avec l'espérance,
Au sommeil on se livre en paix;
Et lorsque le plaisir volage
S'enfuit,
Lorsque l'hiver glacé de l'âge
Saisit,
Des ans on brave l'outrage,
La mémoire encor sourit.

Aux beaux-arts, etc.

La sombre jalousie,
La vengeance, l'envie,
N'habitent point près d'eux;
Émanés du ciel même,

De la grandeur suprême

Ils conservent encor ce qui charme les Dieux.

Le droit de rendre heureux,

Et d'immortaliser le mortel qui les aime :

Ma fille, ouvrez enfin les yeux.


Aux beaux-arts, etc.


**SAPHO.**

Allez, ô mes jeunes amies,

Reprenez ces travaux que vous aviez quittés ;

Que d'un transport divin vos cœurs soient agités,

Et ne contraignez plus le feu de vos génies !...

                     (*Elles sortent*).

(*à Damophile*).

Mais toi, Damophile, pourquoi

Ton front est-il couvert d'une sombre tristesse ?

Toi, le soutien de ma faiblesse,

Toi, de qui mon bonheur est la plus chère loi,

Dois-tu sentir encor ce tourment qui t'oppresse,

Lorsque tout rit autour de moi ?

**DAMOPHILE**, *embarrassée.*

Quand les Dieux irrités nous annoncent l'orage,

Touchés de nos frayeurs, de nos cris suppliants....

Vainement leur bonté dissipe le nuage ;....

Le ciel conserve encor, pendant quelques instants,

De la tempête une effrayante image.

C'est ainsi qu'à mon cœur ils ont rendu la paix,....

Souffrez qu'il s'accoutume à leurs nouveaux bienfaits.

## SCÈNE III.

### LES PRÉCÉDENTS, CLÉIS.

#### CLÉIS.

*( Elle entre précipitamment, et se jette aux genoux*
*de Sapho ; Damophile l'écoute avec inquiétude ).*

J'accours de vos bontés implorer l'assistance !

#### SAPHO.

Ciel ! que vois-je ?... Je meurs !...

#### CLÉIS.

                     J'embrasse vos genoux.

#### SAPHO.

Fuis ces lieux profanés par ta seule présence.

#### CLÉIS.

Par pitié !...

#### SAPHO.

           Fuis ! te dis-je ; évite mon courroux.

Viens-tu joindre à mes maux le tourment de la haine,

Sourire à tes succès, t'abreuver de ma peine ?

Viens-tu, sous les dehors d'une feinte amitié,

Jeter sur ta victime un regard de pitié?

Que viens-tu faire ici?

CLÉIS.

Du malheur qui m'accable

Je viens entre vos bras chercher à m'affranchir.

SAPHO, *lui prenant vivement la main.*

Du malheur!... que dis-tu?

(*la quittant*).

Je ne puis la haïr!...

Mon cœur s'élance encor vers son cœur trop coupable...

Est-il donc des bienfaits dont on doive rougir?

CLÉIS.

Ne me refusez pas une main secourable.

SAPHO, *la repoussant plus doucement.*

Non, laisse-moi...

CLÉIS.

Je veux vous toucher ou mourir.

SAPHO.

Mourir!... Dieux! du bonheur verrai-je enfin l'aurore?

Quel espoir, tout-à-coup, à mes yeux vient s'offrir?....

Ah! si Phaon l'aimait encore,

(*A Cléis*).

Elle ne voudrait pas mourir!.... Explique-toi.

Ma fille... par pitié, réponds, je t'en supplie;

Que fait-il? apprends-moi... dis tout à ton amie.

Tu vois mon trouble, mon effroi.

Parle....

CLÉIS.

Il n'est que trop vrai qu'il a trahi sa foi!

De sa froideur mon retour est l'ouvrage.

J'avais cru recevoir l'hommage

D'un amant tendre et délicat,

Je n'ai trouvé qu'un cœur volage,

Je n'ai quitté qu'un cœur ingrat.

SAPHO.

Je respire!... à l'espoir je puis livrer mon ame!

Oui, sans doute, Phaon, touché de mon tourment,

Va, par un nouveau changement,

Revenir vers l'objet de sa première flamme.

Amour, ce n'est point t'outrager,

Que d'implorer de toi cette faveur nouvelle;

Dans ses premiers liens vouloir se rengager,

Non, ce n'est pas être infidèle,

Ce n'est que cesser de changer.

STÉSICHORE, à part.

O Dieux! daignez la protéger!

## QUATUOR.

SAPHO.

Des ombres de la mort encore environnée,
Au jour que je fuyais suis-je donc ramenée?
          Mon cœur interdit , agité,
          Craint d'être séduit par un songe !
     Faut-il risquer de croire un doux mensonge ?
     Faut-il chercher la triste vérité ?

CLÉIS.

Des erreurs de l'amour encore environnée ,
Au jour de la raison suis-je donc ramenée?
          Cesse , ô mon cœur , d'être agité !
          Ne m'abuse plus par un songe !
     Il ne faut plus sourire au doux mensonge ,
     Il faut aimer la triste vérité.

SAPHO ET CLÉIS.

          O ma tendre amie,
          Tu me rends
          Je vous dois          } la vie.
     Tu répands
     Vous versez          } dans mon sein la clarté d'un beau jour.

STÉSICHORE.

          O tendres amies,
          Demeurez unies ,
     Que pour vous l'amitié sache guider l'amour !

DAMOPHILE
*à part.*

          Par leurs jalousies,
          Toujours poursuivies,
     Puisse leur amitié tourmenter leur amour.

## INVOCATION.

O Vénus je t'implore,

Comble { mes / ses } vœux enfin ;

Il en est temps encore,

Rends { moi / lui } le cœur de l'amant { que j'adore, / qu'elle adore, }

Ou cesse d'embraser { mon / son } sein.

Amitié, je t'implore,

Viens pénétrer mon sein ;

Il en est temps encore,

Daigne sourire à ce cœur qui t'adore,

Tu ne souriras pas en vain.

Vengeance je t'implore,

Comble mes vœux enfin,

Il en est temps encore ;

Répands tes maux sur celle que j'abhorre,

Ou cesse d'agiter mon sein.

### SAPHO.

Tout-à-coup quel espoir m'anime !

Les Dieux semblent me protéger :

Ils ne marquent plus pour victime

Celle que rien ne peut changer.

O bien suprême !

L'amour lui-même

Permet que j'aime,

Et vient sécher mes pleurs :

Il récompense

Et ma constance

Et mes douleurs.

STÉSICHORE
ET
CLÉIS.

Il récompense

Et sa constance

Et ses douleurs.

STÉSICHORE
ET
CLÉIS.

Douce espérance,

Cède à nos vœux ;

Que ta présence,

Après tant de tourments nous rende enfin heureux.

SAPHO.

Oui, l'espérance

Cède à mes vœux,

Et sa présence

Dit assez que mon sort va devenir heureux.

DAMOPHILE.

Oui, la vengeance

Cède à mes vœux :

Par l'espérance,

Elle répand ici son poison dangereux.

SAPHO.

Chère Cléis, je t'en conjure !

Que mon sort soit enfin tout-à-fait éclairci :

Du hasard qui t'amène ici

Fais-moi la fidèle peinture.

CLÉIS.

Vous vous rappelez trop ce funeste moment,
Où las, et de sa feinte, et de ma résistance,
Un jour que, vers la mer, j'errais sans défiance,
Phaon à m'embarquer me força lâchement.

SAPHO.

Avec lui, jusqu'à cet instant,
Je te croyais d'intelligence.

CLÉIS.

Ah ! détournez de moi ce soupçon offensant.
Jugez de ma fureur à cette indigne offense :
Amour, respect, égards, pleurs, rien ne m'attendrit ;
Je réclamai des Dieux la céleste vengeance,
Bientôt mon cœur s'en repentit.
Tout-à-coup de sombres nuages
Le ciel paraît enveloppé.
Le vent s'élève, il croît ; de sinistres présages
Le matelot semble frappé.
On craint, on s'agite, on s'égare ;
On n'entend que des cris, on ne voit que des pleurs,
Et les Dieux irrités, par un concert barbare,
Mêlent à chaque instant la foudre à nos clameurs.
Que devenait Phaon dans cet instant terrible ?
Accablé par mes maux, sur les siens insensible.

Tantôt à mes genoux il se précipitait,
Vers le nocher tremblant tantôt il s'élançait,
Des matelots troublés ranimait le courage,
Opposait leurs efforts à l'effort de l'orage,
Et revenait soudain dissiper ma frayeur.
Je ne sais... mais ses soins pénétrèrent mon cœur...
Et je sentis en moi, par un effet contraire,....
Et naître la tendresse et mourir la colère.
Aveugle, j'oubliai l'offense et le pardon,
J'oubliai vos bienfaits et ma reconnaissance,
J'oubliai l'univers, je ne vis que Phaon,
Et de l'amour enfin ressentis la puissance.

SAPHO.

Tu t'aperçus bientôt que ton cœur abusé....

CLÉIS.

Oui, mais dans cet instant que pouvais-je connaître?
Je me croyais aimée.... et je l'étais peut-être....
Alors, à notre hymen en vain je m'opposai,
Je promis à ses lois de céder en Sicile.
Nous arrivons, après un voyage tranquille;
Le ciel avec mon cœur semblait s'être appaisé....
Phébus devait encor trois fois remplacer l'ombre,
Avant qu'un doux hymen pour toujours nous unît;
Tout-à-coup de Phaon le regard devient sombre,

Il paraît inquiet, il soupire, il me fuit,

    Et je vis trop que le volage,

    Près de perdre sa liberté,

    En regrettait encor l'usage.

    (*Sapho écoute avec la plus grande joie*).

Votre nom, malgré lui quelquefois répété,

Vient d'un autre soupçon me rendre la victime,

J'erre de doute en doute, et d'abîme en abîme,

Dans ce moment cruel de trouble, de terreur,

En proie à mes tourments, à mon incertitude,

    J'aperçus mon ingratitude,

    En reconnaissant mon erreur,

Et sachant qu'en ces lieux votre amour vous amène,

Je me dis : oui, Sapho connaît trop le malheur

    Pour être insensible à ma peine ;

Portons-lui mes remords, ma honte et ma douleur.

A ces mots je me sens une force nouvelle,

Je m'embarque en secret, quoiqu'un transport jaloux

Semble ajouter encore à ma peine cruelle,

Et je viens avec vous haïr un infidèle,

    Ou le regretter avec vous.

DAMOPHILE.

Quoi ! de simples soupçons ?...

SAPHO, *vivement.*

Elle a su les comprendre ;

L'amour n'a pas deux attributs ;

Et cesser d'être aimable et tendre,

C'est dire assez qu'on n'aime plus.

Oui, mes amis, n'en doutons plus, il m'aime :

Il aura su les maux que je souffre pour lui ;

Mes feux, mon désespoir extrême,

Et ses remords auront agi

Mieux que je n'eusse agi moi-même.

Je porte dans mon sein un doux pressentiment,

Je crois l'entendre à chaque instant,

Je crois ici le voir paraître....

Tout me dit que bientôt, dans ce moment peut-être...

# SCÈNE IV.

LES PRÉCÉDENTS, ÉRINNE, LES ÉLÈVES, *accourant.*

### ÉRINNE.

Phaon est dans ces lieux !

### SAPHO, *transportée.*

Mon cœur me le disait !

### DAMOPHILE, *à part.*

Empêchons qu'il ne la revoie !

### ÉRINNE.

Je l'ai vu....

### SAPHO.

Tu l'as vu?...

### ÉRINNE.

          Triste, morne, inquiet,

Et je viens, avant tout, dans l'excès de ma joie,

Vous apprendre qu'enfin le ciel vous le renvoie.

### SAPHO.

S'il est ici... dis-moi.... pourquoi ne vient-il pas?

### ÉRINNE.

Peut-être le remords, la honte qui l'accable....

### SAPHO.

Quand un amant revient, est-il jamais coupable?

(*à Erinne*).

Pourquoi toi-même aussi ne point suivre ses pas?

### DAMOPHILE.

Permettez que mon zèle....

### SAPHO.

          Oui, vole sur sa trace;

Peins-lui mon cœur, mes feux, le trouble de mes sens:

Et s'il croit que Sapho ne sait point faire grâce,

Pour l'obtenir de lui.... dis-lui que je l'attends.

(*Damophile sort*).

### FINALE.

Mais quoi! j'y vais aller moi-même;

Qui, mieux que moi, peut l'attendrir?

Qui, mieux que moi, peut lui faire sentir

   Comme on pardonne quand on aime.

   Je lui dirai; Phaon! c'est moi....

   C'est ta Sapho, tendre et fidèle,

   Phaon, veux-tu vivre pour elle,

   Elle voulait mourir pour toi?

   Viens, mon Érinne, mon amie,

   Venez toutes, n'hésitons plus,

   S'il m'accable de ses refus,

   S'il me force à perdre la vie,

   Par vos pleurs, à mon cœur si doux,

   Déchirez son ame cruelle :

   Qu'il regrette au moins, l'infidèle,

   De m'avoir arrachée à vous.

STÉSICHORE.

   N'espérez pas, jeune insensée,

   Mépriser ainsi la raison ;

   Suivez votre aveugle pensée,

   Vous même, allez chercher Phaon !

   Mais si l'ingrat encor vous laisse,

   Et si vous bravez le trépas,

   Je trouverai dans ma tendresse

   La force d'arrêter vos pas.

SAPHO, *voulant sortir.*

   N'arrêtez point mes pas.

LES ÉLÈVES ET STÉSICHORE.

   Nous vous suivrons sans cesse.

15.

### SAPHO.

Je veux être enfin ma maîtresse ;

Il partagera ma tendresse ,

Non , je n'en doute pas.

Laissez-moi , laissez-moi.

### LES ÉLÈVES ET STÉSICHORE.

Nous ne vous quittons pas.

*(Ils sortent tous avec précipitation).*


FIN DU PREMIER ACTE.

# ACTE SECOND.

Le théâtre représente une place ; à droite est un temple
où l'on voit la statue d'Apollon ; du même côté, dans
l'éloignement , on aperçoit l'habitation des Prêtres : le
fameux rocher de Leucade est dans le fond, à gauche,
donnant sur la mer. Le Grand Prêtre et les Prêtres sont
près de l'autel d'Apollon ; les Leucadiens et Leucadiennes
hors du temple, et à genoux.

## SCÈNE I.

### LE GRAND PRÊTRE, un PRÊTRE, prêtres, LEUCADIENS, LEUCADIENNES.

#### LE CHOEUR.

O fils du maître du tonnerre,

Nous élevons nos bras vers toi :

Apollon , reçois la prière

D'un peuple soumis à ta loi.

De ce rocher, de ces abymes,

Eloigne les faibles amants ;

Ils ne t'offrent que des victimes ,

Tu dois préférer notre encens.

#### LE GRAND PRÊTRE.

Allez, des Dieux toujours implorez la clémence.

Mais respectez leur volonté :
Ce n'est que par l'obéissance
Qu'on a des droits à leur bonté.

(*Les Leucadiens sortent*).

LE GRAND PRÊTRE, *aux prêtres de sa suite.*

Déja depuis long-temps, dédaignant nos oracles,
Les amants malheureux ne viennent plus chercher
La mort ou le repos sur ce fatal rocher :
On s'accoutume à craindre ces spectacles,
Et nous oublions trop qu'étonner les esprits
Est de notre pouvoir une base constante,
Et qu'à l'erreur bientôt succède le mépris,
Quand elle a cessé d'être une erreur imposante ;
Ne sommes-nous donc plus les ministres des Dieux ?

UN PRÊTRE.

Rassurez-vous ; le destin nous prépare
Un sacrifice ensemble et touchant et fameux ;
Une femme célèbre, et que l'amour égare,
Vient chercher sur ces bords un trépas glorieux ;
Déja, plus d'une fois, dans l'ardeur qui l'anime,
Sans crainte ses regards ont mesuré l'abyme.

LE GRAND PRÊTRE.

On la nomme ?

LE PRÊTRE.

Sapho.

LE GRAND PRÊTRE.

          Sapho? Que dites-vous?...

Serait-ce cette Muse, ornement de la Grèce?

LE PRÊTRE.

Elle-même; à son sort le peuple s'intéresse,

          Son nom connu, vanté de tous,

Entraîne sur ses pas la foule qui s'empresse;

Et c'est pour elle enfin que ce peuple à genoux,

Vient à l'instant des Dieux appaiser le courroux.

LE GRAND PRÊTRE.

Amis, nous sommes seuls, parlons sans nous contraindre;

Il est plus d'un écueil qu'ici nous devons craindre;

Ministres d'Apollon, c'est à nous de juger

S'il veut ou ne veut pas punir ou protéger,

Et si nous permettons qu'un si brillant exemple

Du peuple qui s'alarme excite la douleur;

          Bientôt notre antique splendeur....

          Mais on vient, rentrons dans le temple.

## SCÈNE II.

### LES PRÉCÉDENTS, DAMOPHILE.

#### DAMOPHILE.

Je venais vous parler; restez, ne craignez rien.

#### LE GRAND PRÊTRE.

Que voulez-vous de nous?

#### DAMOPHILE.

       Un moment d'entretien.

Sapho, vous le savez, sur ce rocher funeste

Vient chercher aujourd'hui le seul bien qui lui reste,

La mort....

#### LE GRAND PRÊTRE.

    Nous ignorons la volonté des Dieux.

#### DAMOPHILE.

En vain vous prétendez vous cacher à mes yeux:

Je sais jusqu'où s'étend votre pouvoir suprême;

    Et je ne viens point en ces lieux,

Pour troubler des desseins que j'approuve moi-même:

J'y viens vous enseigner à mieux perdre Sapho,

J'y viens à mes projets pour mettre enfin le sceau;

En un mot, je la hais, et c'est assez vous dire

Quel est le sentiment qui près de vous m'attire.

#### LE GRAND PRÊTRE.

Ces étranges discours....

DAMOPHILE.

Mais vous doutez, je croi...

Pour calmer votre ame incertaine,

Apprenez le sujet d'une trop juste haine,

Et ne redoutez plus de vous fier à moi.

Alcée et moi, remplis d'une égale tendresse,

Nous vivions heureux et contents ;

Nous devions à l'autel consacrer nos serments ;

L'amour nous enflammait de sa plus pure ivresse,

Et mon bonheur était l'objet de tous mes chants ;

Car, célèbre par mes talents,

J'étais alors au rang des Muses de la Grèce.

Heureux et funestes instants !

(*Après un silence*).

On célébrait ces jeux, suivant l'antique usage,

Où l'on nomme un vainqueur dans l'art brillant des vers.

Vingt rivaux, du public balançaient le suffrage,

Je parais, je concours, j'emporte l'avantage ;

Mon amant m'applaudit avec tout l'univers.

Sur mon front glorieux on plaçait la couronne ;

Une femme s'avance et tout est suspendu,

C'était Sapho.... Son nom, de chacun entendu,

Dispose en sa faveur la foule qu'elle étonne ;

Elle parle, et d'un prix justement obtenu

On me dépouille, on le lui donne.
Pâle, sans voix, sans force, et la mort dans le cœur,
Je cherche en mon amant un appui nécessaire,
Et je le vois.... Concevez mon malheur !
Aux pieds de ma rivale altière.
Comment puis-je en parler sans mourir de douleur ?

LE GRAND PRÊTRE.

Reprenez vos esprits.

DAMOPHILE.

Depuis ce jour terrible
Les Muses et l'Amour s'enfuirent loin de moi :
Je fus long-temps abattue, insensible,
Je vivais sans savoir pourquoi ;
Mais, du nom de Sapho sans cesse importunée,
Tout-à-coup je sentis que vivre infortunée,
C'était me dégrader et non pas me venger :
Un sentiment que rien n'a pu changer,
Un dépit, une horreur, une haine amoureuse,
En pénétrant mon sein me rendit furieuse ;
Et, bien que mon amant, peu payé de retour,
Ne goûtât point le fruit d'une flamme parjure,
Par l'amour et la gloire outragée en un jour,
Je jurai de punir ma honte et mon injure.

LE GRAND PRÊTRE.

Un serment....

DAMOPHILE.

Je le tins : j'osai feindre d'aimer

Celle que sans fureur je ne pouvais nommer;

Et sachant que Phaon, à ses feux peu fidèle,

Osait adorer en secret

Cléis, aimable enfant que Sapho chérissait,

Je me dis : c'est par-là qu'il faut me venger d'elle.

Avec art j'irritai cette amour criminelle,

Et d'un feint sentiment me parant à propos,

Je lui ravis Cléis, Phaon, et le repos.

LE PRÊTRE.

Sans doute, c'est alors que dans ces lieux conduite....

DAMOPHILE.

Moi-même je pris soin d'y diriger ses pas;

Et, dans la douleur qui l'agite,

Elle allait à mes yeux se livrer au trépas,

Quand Phaon et Cléis, faibles et sans défense,

Troublés par des remords, sans raison, sans sujets,

Se quittant, se cherchant, plus épris que jamais,

Viennent ici tous deux lui rendre une espérance

Qui la dérobe aux coups que portait ma vengeance.

Douterez-vous encor de mon cœur furieux?...

LE GRAND PRÊTRE.

De ce discours que devons-nous attendre?

DAMOPHILE.

Tout.... Le moment est précieux,
Pour perdre ma rivale, il ne faut que s'entendre,
(*Le Grand Prêtre veut parler, elle l'en empêche*
*en continuant*).
Et c'est votre intérêt et le mien que je veux....
Loin des yeux de Sapho, dans ce lieu solitaire,
Je vais d'abord réunir nos amants :
Cléis est faible, et Phaon sait lui plaire,
J'ose tout espérer de ces heureux moments.
Mais pour ne plus tromper mes soins et ma colère,
Dans les premiers transports de leurs cœurs trop épris,
Cette nuit même, ici, dans l'ombre et le mystère,
Avant tout, par l'hymen je veux qu'ils soient unis.
Cependant élevez votre voix redoutable,
Intimidez Sapho, dont les sens égarés
Se laisseront séduire à des ordres sacrés,
Et saisissant l'instant où cet hymen coupable
Portera dans son sein les feux du désespoir,
Donnez-nous un exemple à jamais mémorable,
Et délivrez mes yeux du tourment de la voir.

LE GRAND PRÊTRE, *après un instant de silence.*

Il nous importe peu qu'on aime ou qu'on haïsse ;
Interprètes des Dieux, d'eux seuls nous dépendons :

S'il faut que de Sapho l'épreuve s'accomplisse,
Ils le feront connaître, et nous obéirons.

*(Ils rentrent dans le temple).*

## SCÈNE III.

### DAMOPHILE.

Il suffit, j'ai parlé, mon ame se rassure.

Fatal objet des tourments que j'endure,

Sapho ! tu paieras cher mes douloureux affronts !

### ARIETTE.

Enfin l'heure est venue,

Je saurai la saisir ;

Les Dieux m'ont entendue ;

Ils vont enfin punir !

Leur foudre vengeresse

Est remise en mes mains ;

Accablons qui nous blesse :

C'est imiter les Dieux, que frapper les humains.

Mais quoi ! pour être ma victime,

Sapho, qu'as-tu donc fait ?

Alcée ! indigne auteur du tourment qui m'anime ;

Faut-il donc par un crime

Egaler ton forfait ?

Je le vois.... il s'avance.

Il détourne les yeux !

D'une juste vengeance

Il paraît furieux....

Alcée arrête, écoute!

Viens abjurer tes torts;

D'une amante trahie excuse les transports,

Mais non!... tu fuis!... sans doute

Ingrat! tu veux m'ôter jusques à mes remords!...

Eh bien! l'heure est venue, etc.

*(Elle regarde).*

Phaon ne paraît point encore,

Sapho, malgré mes soins, l'aurait-elle surpris?...

Mais je la vois, fuyons.... retournons vers Cléis;

Risquons tout pour la rendre à l'amant qu'elle adore,

Embrâsons leur amour des transports de mon cœur,

Et perdons ma rivale, ou mourons de douleur.

*(Elle sort).*

# SCÈNE IV.

## SAPHO, STÉSICHORE, LES ÉLÈVES, QUELQUES LEUCADIENS ET LEUCADIENNES.

SAPHO, *allant çà et là.*

Je le cherche en tous lieux! vainement je l'appelle!

Phaon, tu n'entends point mes cris!

*(Avec désespoir).*

Phaon!....

STÉSICHORE, *à part.*

De tant d'amour, dieux! quel sera le prix?

SAPHO.

Phaon! entends la voix d'une amante fidèle!...

(*Elle marche avec agitation*).

A qui, dans mon malheur, puis-je donc recourir?

Qui pourra consoler la douleur qui m'agite?

Chaque endroit où je vais, chaque endroit que je quitte,

Je me dis : en ces lieux peut-être il va venir,

Peut-être, à l'instant même, il venait d'en sortir;

Un espoir me retient, un autre espoir m'entraîne,

Je vais, je viens, je cours, interdite, incertaine,

Je demande Phaon, je ne le trouve pas,

Et je meurs mille fois en lui tendant les bras !

# SCÈNE V.

LES PRÉCÉDENTS, ÉRINNE, PHAON, LEUCADIENS.

(*On entend un bruit confus de voix; des Leucadiens paraissent conduisant Phaon, qui semble contraint; Érinne les devance.*)

ÉRINNE, LEUCADIENS ET LEUCADIENNES.

Le voilà ! le voilà !

SAPHO, *tombant dans les bras de Stésichore.*

Dois-je croire?... j'expire !

ÉRINNE.

Ah ! vivez pour Phaon.

SAPHO.

Pour Phaon ! je le voi,
Je n'en puis plus douter... C'est lui... lui... près de moi !...
(*Elle s'approche vivement, puis dit avec timidité*) :
A l'instant même, ici, je peignais mon délire,
Mes feux, mes transports, ma douleur.
Te voilà,... je te vois... et je ne puis rien dire....
Tout est là !... concentré... dans le fond de mon cœur.

PHAON.

(*A part, dans le plus grand accablement*).
Que lui répondre ? ô Dieux !

SAPHO.

Dis-moi... que dois-je croire ?
Dis... ton cœur n'a donc pas tout-à-fait oublié
Celle qui de t'aimer faisait toute sa gloire ?
Tu reviens donc vers elle ?... est-ce amour ou pitié ?

PHAON.

Mes torts....

SAPHO.

N'achève pas,... l'amour enfin m'éclaire.
Moi seule j'eus des torts, je le sens à présent ;
Je crus qu'il suffisait d'adorer son amant,

J'oubliai qu'il fallait lui plaire.

Tu ne me verras plus attachée à tes pas,

Inquiète, agitée, et sans doute importune,

De mes maux, de mon infortune,

Non, je ne te parlerai pas....

Tu détournes les yeux?... est-ce que tu m'abhorres?...

Permets-moi seulement d'insister sur ce point;

Ne me dis pas que tu m'adores,

Dis-moi que tu ne me hais point.

PHAON.

Puis-je haïr des Dieux le plus parfait ouvrage?

SAPHO, avec enthousiasme.

Je le savais bien, moi, qu'il n'était plus volage.

STÉSICHORE.

Si vraiment le remords vous ramène à ses pieds,

N'en doutez point, Phaon, vos torts sont oubliés.

Mais songez-y, craignez de devenir coupable;

Pour elle, sur vos feux je veillerai toujours,

Et devant l'univers je vous rends responsable

De son bonheur et de ses jours.

PHAON.

Croyez que je gémis sans cesse

Des maux que j'ai pu lui causer;

Croyez qu'à mes yeux ma faiblesse

16

Jamais n'a pu les excuser,
Et jugez aujourd'hui par l'excès de ma peine....

STÉSICHORE.

Qu'un serment à son sort pour jamais vous enchaîne;
Jurez entre mes mains....

SAPHO.

> Non, non, point de serment!
> Vous l'offensez, il est sincère,
> Et le plus sûr engagement
> Est celui que l'amour sait faire.

(à *Phaon*).

Peins-lui donc, avec moi, l'amour que tu ressens,
Excuse ses soupçons, son amitié sévère;...
Nous devons l'honorer, le chérir comme un père,
Dis... ne serons-nous pas tous les deux ses enfants?...
Mais tu ne réponds rien? tu sembles te contraindre?
> Quand Sapho même a cessé de se plaindre,
> Qui peut causer le trouble de tes sens?

PHAON.

Mes souvenirs, (à *part*) et mon ingratitude.

SAPHO, à *part*.

Son cœur est agité par quelque inquiétude....

(à *Phaon*).

D'un moment de repos si tu voulais jouir?

PHAON.

Mais....

SAPHO.

Pourquoi caches-tu cet innocent desir ?
Fallait-il m'affliger ? Après l'inquiétude,
Ne sais-je pas qu'on aime un peu de solitude :
Ton silence déja m'alarmait sur ta foi.
Ah ! que l'on est souvent injuste malgré soi !
Reste seul un instant ; dans l'excès de ma joie,
Moi, je vais consulter les ministres des Dieux,
Et savoir si le sort, qui vers moi te renvoie,
Ne traversera plus nos plaisirs et nos feux.

STÉSICHORE, *à part.*

Que je redoute encore !

SAPHO, *à part.*

Oui, de l'oracle même,
Sachons d'où naît en lui ce secret embarras.

( *à Phaon* ).

Je te quitte... il le faut... tu le veux, et je t'aime :
Cependant, promets-moi qu'ici tu resteras.

PHAON.

( *à part* ).

Oui... je vous le promets... Qu'osé-je dire, hélas !

Vous qui, touchés de ma douleur extrême,

Avez suivi mes pas pour calmer mes tourments,

Venez, amis; nos mains, nos prières sont pures,

Allons offrir aux Dieux nos vœux et notre encens;

Et puissent aujourd'hui de propices augures

Me promettre un bonheur différé si long-temps!

# SCÈNE VI.

## PHAON.

### ARIETTE.

Le destin me persécute,

Tout m'accable, tout me nuit,

En tout lieu je suis en butte

Au malheur qui me poursuit.

Si le sort inexorable

Peut me faire ainsi souffrir,

Grands Dieux ! quand on est coupable

Comment sait-il donc punir?

O ma Cléis ô mon amie !

Vois mon amour, vois ma douleur;

Reviens, c'est Phaon qui t'en prie.

Reviens lui rendre le bonheur.

Ne voyons que nous sur la terre,

Et par l'amour laissons-nous enflammer.

Je ne vivrai que pour te plaire,

Tu ne vivras que pour m'aimer.

Que dis-je ? je m'égare . . . .

Elle ne paraît pas . . . .

Le malheur nous sépare !

Amour, ordonnes-tu ma vie ou mon trépas ?

Le destin, etc.

# SCÈNE VII.

## DAMOPHILE, PHAON.

**PHAON.**

Ma chère Damophile, en vous seule j'espère ;

Où fuir, que devenir, que faire ?

Cléis ne paraît point. . . et j'ai revu Sapho !

**DAMOPHILE.**

Sapho ? quoi !. . .

**PHAON.**

Je venais dans ce lieu solitaire,

Redoutant malgré moi quelque malheur nouveau ;

Soudain j'entends Sapho qui me cherche, m'appelle ;

On me voit, on m'entoure, on m'entraîne près d'elle ;

Je veux la détromper d'une fatale erreur ;

Mais ses pleurs, son espoir, sa tendresse cruelle,

Ces remords qui partout me glacent de terreur.

Tout a fermé ma bouche.... et déchiré mon cœur !

**DAMOPHILE.**

Que fait-elle? en quels lieux?...

**PHAON.**

                   Elle va de l'oracle

Savoir si le destin permet notre union.

A mon bonheur encor c'est un nouvel obstacle.

O funeste moment, ô malheureux Phaon !

**DAMOPHILE,** *après un moment de réflexion.*

Rassurez-vous ; Cléis en ces lieux va se rendre :

J'ai su justifier à ses yeux votre ardeur....

**PHAON.**

Quoi ! l'amour dans son cœur a pu se faire entendre?

**DAMOPHILE.**

Oui, livrez-vous sans crainte au transport le plus tendre :

L'amitié veillera. (*à part*) Mieux encor la fureur !

# SCÈNE VIII.

## PHAON, CLÉIS, DAMOPHILE.

**CLÉIS,** *dans le fond du théâtre.*

Où vais-je?... malgré moi.... j'hésite.... je chancelle.

**PHAON.**

Il est donc vrai qu'enfin nous sommes réunis ?

CLÉIS.

Dois-je t'aimer encore?

PHAON.

En doutes-tu, cruelle?

A mon amour réservais-tu ce prix?

Et dois-tu me causer cette douleur mortelle?

CLÉIS.

Cher Phaon, se peut-il?... Tu reviens vers Cléis?

Lorsque je t'accusais, tu me restais fidèle?...

Grands Dieux! si pour l'aimer je deviens criminelle,

Contre lui, contre moi, soyez donc mon soutien!

DAMOPHILE, *à part.*

Profitons du moment, ne ménageons plus rien.

(*elle sort*).

DUO.

PHAON ET CLÉIS

Plus de regrets, plus de tristesse,

Ne songeons qu'à notre bonheur

O cher objet de ma tendresse,

CLÉIS. { J'abjure
            une injuste rigueur;
PHAON. { Abjure

Je ne vois plus que ton ivresse,

Je ne sens plus que mon ardeur.

PHAON.

Loin de toi je me crois coupable,

Mais puis-je l'être en te voyant?

###### CLÉIS.

Loin de toi le remords m'accable ,
Mais je l'oublie en t'écoutant.

###### ENSEMBLE.

Enfin que l'hymen nous unisse,
N'hésitons plus , voilà l'instant ;
Amour, amour, sois-nous propice !
Nous te servons en t'offensant.

Plus de regrets , etc.

# SCÈNE IX.

###### LES PRÉCÉDENTS, DAMOPHILE, SAPHO.

*Sapho paraît, conduite par Damophile, qui lui montre les deux amants ; elle s'approche d'eux précipitamment, et les sépare avec indignation. Damophile se retire , mais elle revient les observer de temps en temps.*

###### SAPHO.

*( à Phaon ).*

Ingrat, c'est donc ainsi que tu n'es plus volage ?

*( à Cléis ).*

Monstre, c'est donc ainsi qu'il a trahi sa foi ?
Les voilà, ces amants qui revenaient vers moi !

###### CLÉIS.

Que devenir ?...

**PHAON.**

Grands Dieux, soutenez mon courage !

**SAPHO.**

Et j'ai pu tous les deux les presser sur mon sein !

Avec eux sur leurs maux je me suis attendrie,

Et les pleurs qu'essuyait ma main

Etaient ceux de la perfidie !

**CLÉIS.**

Non !...

**SAPHO.**

Mais que t'ai-je fait pour me causer la mort ?

Au défaut des parents que te ravit le sort,

N'ai-je pas élevé ton enfance timide ?

Ne t'ai-je pas servi de soutien et de guide ?

Et lorsqu'après ta fuite, un instant, tu semblas

Sentir ta noire ingratitude,

Ne t'ai-je pas, perfide, encor tendu les bras ?

Me suis-je fait un jeu de ton inquiétude ?

Et n'as-tu pas trouvé dans ma tendre amitié

Ce repos qu'aujourd'hui tu m'ôtes sans pitié ?

**CLÉIS**, *avec la plus grande douleur.*

Oui, Sapho, je l'avoue, oui, je suis une ingrate ;

Qu'en reproches sur moi votre courroux éclate,

Ils n'égaleront pas mes combats douloureux,

                    SAPHO.

Je voudrais à l'instant expirer à vos yeux !

S A P H O, *tranquillement.*

Tiens, regarde, Phaon, tiens, voilà ton ouvrage.

La voilà sans espoir, sans force, sans vertu,

Son cœur était sensible, et tu l'as corrompu.

P H A O N.

C'en est trop ! je ne puis supporter cet outrage !...

S A P H O.

Tu ne peux supporter cet outrage ! et pourtant

Des maux que tu me fais tu supportes la vue ;

Tu me vois à tes pieds, suppliante, éperdue,

Et tu parais, cruel, m'y voir tranquillement.

Est-ce donc là le prix de mes feux, de mes larmes,

Et pour frapper mon cœur n'as-tu point d'autres armes ?

P H A O N.

Vous déchirez le mien !

S A P H O.

     Quand je bravai les flots,

Dans l'espoir d'arrêter ta fuite téméraire,

On me disait : Sapho, Sapho, qu'allez-vous faire ?

Faut-il vous exposer à la fureur des eaux,

Fuir, peut-être à jamais, vos amis et Lesbos,

Pour chercher un ingrat peu digne de vous plaire ?

Je répondais, non, non, je meurs à chaque instant,

Et j'aime mieux encor mourir en le cherchant.

Je partis ; j'oubliai jusqu'à mon existence ;

Et de tant de tourments voilà la récompense !

Mais tu frémis, je crois ?... Si je pouvais penser....

Eh bien ! parle... dis-moi... parle, tout te l'ordonne !

PHAON.

Je ne mérite pas que Sapho me pardonne.

SAPHO.

Il ne mérite pas !... Il l'a pu prononcer !...

(*avec anxiété*).

Il ne mérite pas !... Dieux puissants ! qu'il en coûte

A s'entendre assurer un malheur qu'on redoute !

(*Elle éclate*).

Oui, traître ! tu dis vrai ; je le sens, je le voi,

Tu ne mérites pas l'amour que j'ai pour toi.

Tu t'es fait un plaisir barbare

D'empoisonner deux cœurs que la tendresse égare.

D'en troubler l'union, d'en détruire la paix,

Et pour mieux mettre enfin le comble à tes forfaits,

Tu reviens aujourd'hui, pour consommer le crime,

Savoir qui, de nous deux, doit être ta victime ;

Eh bien ! ce sera moi !

PHAON, *l'arrêtant*.

Quel transport vous anime

SAPHO, *le repoussant.*

Laisse-moi, laisse-moi, je puis te contenter ;
Je n'ai pas attendu, pour braver cet abyme,
Perfide, que ton bras vînt m'y précipiter.

CLÉIS, *se jetant à ses pieds.*

Voyez nos pleurs....

PHAON, *de même.*

L'effroi qui tous deux nous agite....

SAPHO.

Que m'importent des pleurs que la faiblesse excite ?

PHAON.

Le bonheur de Sapho peut seul nous consoler.

SAPHO, *fièrement, et après un moment de silence.*

Qui m'en sera garant ?

( *On entend un bruit extraordinaire* ).

CLÉIS.

Les Dieux qui vont parler.

## SCÈNE X.

**LE GRAND PRÈTRE, PRÊTRES, STÉSICHORE, ÉRINNE, DAMOPHILE, LES ÉLÈVES, LEUCADIENS, LEUCADIENNES.**

*(Ils accourent tous en foule pour entendre l'oracle. Le Grand prêtre et les prêtres se placent dans le temple. Damophile va près de Cléis qu'elle rassure. Sapho et Phaon s'arrêtent et écoutent avec la plus grande inquiétude.)*

**LE GRAND PRÊTRE.**

Tout ici d'Apollon annonce la présence ;

Ce Dieu sur les autels descend à notre voix,

Mortels, il va dicter des lois,

Prosternez-vous tous en silence.

*( On se prosterne ).*

**L'ORACLE.**

**LES TOURMENTS DE SAPHO VONT FINIR SANS RETOUR,**

**PHAON DOIT PAR L'HYMEN CONSACRER SON AMOUR.**

**PHAON,** *avec effroi.*

Son amour.... quel amour?... ô lumière funeste !...

Son hymen et la mort, voilà ce qui me reste.

*(Cléis veut se jeter dans les bras de Sapho, qui la remet dans ceux de Damophile ; elles sortent).*

**LE CHOEUR.**

Vive Sapho, vive Phaon !

234 **SAPHO.**

Ce jour va terminer leur peine,
Le destin a parlé par la voix d'Apollon,
Il veut sur ces autels que l'hymen les enchaine.
Vive Sapho, etc.

**SAPHO.**

*( Une réflexion semble l'arrêter, elle se jette aux pieds
de l'autel ).*

Prosternée aux pieds des autels,
J'implorais le retour de celui que j'adore ;
Vous m'avez exaucée, ô puissants immortels !
Mais souffrez que ma voix vous importune encore.
D'un noir pressentiment mon cœur est agité,
Prête à jouir d'un bien que j'ai tant souhaité,
Je crains qu'il ne soit dû qu'à la faveur suprême ;
Je crains que votre autorité
Ne me rende celui que j'aime ;
Ah ! laissez-lui la liberté
De se donner lui-même ;
Que par l'ordre des Dieux il ne soit plus lié,
Mais rendez-le sensible au tourment qui m'oppresse,
Que ce soit son amour, et non votre pitié,
Qui le ramène à ma tendresse.

**LE GRAND PRÊTRE.**

Ne vous défiez point de la bonté des Dieux ;
Allez vous préparer au plus sacré des nœuds.

**LE CHOEUR,** *ramenant Sapho vers Phaon.*

Non, ne résistez plus, votre frayeur est vaine ;
Le destin a parlé par la voix d'Apollon

Il veut sur ces autels que le jour vous ramène
Vivez Sapho, vivez Phaon.

*(Les prêtres sortent.)*

# SCÈNE XI.

## SAPHO, PHAON, STÉSICHORE, ÉRINNE, ÉLÈVES, LEUCADIENS, LEUCADIENNES.

### STÉSICHORE.

Enfin tout nous devient propice,
Le ciel est appaisé, ne redoutons plus rien ;
Venez, ô mes enfants, qu'un ami vous unisse.

*(Il présente à Phaon la main de Sapho.)*

### PHAON.

Grands Dieux qui l'ordonnez, protégez ce lien !
Oui, Sapho, c'en est fait, oui, je vous rends les armes :
L'oracle, ce rocher, vos transports.... mes alarmes,
Tout vous rend aujourd'hui l'arbitre de mon sort,
Et je dois être à vous plus qu'à moi-même encor.

### SAPHO.

O moment enchanteur, ô volupté suprême !
C'en est donc fait, Phaon, tu réponds à mes vœux ;
Je suis l'objet que ton cœur aime ;
Que nous allons passer des jours délicieux !
Oui, je te donnerai toute mon existence ;

Je vivrai pour toi seul, par ta seule présence ;
J'abandonne ces arts qui charmaient ma douleur,
J'abandonne les prix, les lauriers de la gloire,
J'ai vaincu mon amant, l'amour et le malheur ;
      Je ne veux plus d'autre victoire.

STÉSICHORE.

Que dites-vous ? l'amour n'exclut point les talents ;
    L'émotion qu'ils font naître en notre ame
      Est un bienfait dans tous les temps ;
      Ils embelliront votre flamme,
      Comme ils enchantaient vos tourments.
Cherchez plutôt, cherchez leur aimable influence.

SAPHO.

Ah ! si c'est un moyen de plaire à ses regards,
      Inspire-moi, dieu des beaux arts,
Viens embrâser mon cœur de leur divine essence !
    ( à *Phaon* ).
Mais je ne veux chanter que l'amour et nos nœuds :
Quand le destin, jaloux de nous voir trop heureux,
Troublera nos plaisirs par un moment d'absence,
J'aurai besoin encor de parler de mes feux....
Et je me tromperai par des chants amoureux.

## FINALE.

### ARIETTE.

**SAPHO.**

Enfin, je vais donc être heureuse,
Non, non, je n'en puis plus douter,
D'une fortune rigoureuse
Je n'ai plus rien à redouter.
L'ordre des Dieux me rend la vie,
Et mon amant me rend son cœur;
Jusqu'aux regrets de mon amie
Tout vient assurer mon bonheur.

Moments cruels où j'osai croire
Que je le perdais pour toujours,
Fuyez, fuyez de ma mémoire,
Laissez y régner les amours.
Et toi, rocher funeste et sombre,
Tu ne m'entendras plus gémir.
Pour la première fois ton ombre
Servira de voile au plaisir.

**LE CHOEUR.**

Puisse plutôt la céleste vengeance
Sur ce rocher faire tomber ses coups!
Puisse-t-il dans les flots s'abîmer devant nous!
Puissions-nous oublier jusqu'à son existence,
Et demain, quand Phœbus nous rendra sa présence,
Puissent enfin ces lieux de larmes, de douleur,

Devenir à nos yeux le temple du bonheur !

S A P H O.

De l'hymen, de l'amour, puisqu'enfin c'est la fête,
Amis , qu'à les chanter chacun de nous s'apprête ;
Venez tous avec moi, demain avant le jour,
Célébrer en ces lieux et l'hymen et l'amour.

LE CHOEUR.

Avec la renaissante aurore,
Oui, dans ces lieux, nous reviendrons,
Ici nous vous ramènerons
L'objet que votre cœur adore :
De fleurs nous vous couronnerons,
Nous formerons votre hyménée,
Et nous prierons la destinée
De répandre sur vous ses dons.

(*Ils sortent en entourant Sapho et Phaon*).

FIN DU SECOND ACTE.

# ACTE TROISIÈME.

## SCÈNE I.

La scène est toujours devant le temple ; il est nuit.

DAMOPHILE, un PRÈTRE, plusieurs HOMMES, LEURS COMPLICES.

DAMOPHILE, *marchant à pas lents, et observant les lieux.*

Ne craignez rien, avancez-vous.

LES HOMMES.

Ne craignons rien, avançons-nous.

DAMOPHILE ET LES HOMMES.

Nous sommes seuls, le ciel est sombre,
La nuit nous couvre de son ombre,
Ne craignons rien, avançons-nous.

UN HOMME.

Que faut-il faire ? instruisez-nous.
Parlez ?

DAMOPHILE.

Ici dispersez-vous,
A tous les yeux dérobez-vous,
Mais à ma voix rassemblez-vous,

Et sachez, profitant de la force et du nombre,
    Sur ces bords nous embarquer tous.

#### LES HOMMES.

    Ne craignez rien, comptez sur nous,
Nous saurons, profitant de la force et du nombre,
    Sur ces bords vous embarquer tous.

#### DAMOPHILE.

    Bravez leurs cris et leur courroux.

#### LES HOMMES.

Nous braverons leurs cris et leur courroux.

#### DAMOPHILE.

    Que rien sur-tout ne me décèle.

#### LES HOMMES.

    Reposez-vous sur notre zèle,
    Ne craignez-rien, comptez sur nous, etc.

#### DAMOPHILE.

Tout est-il prêt?

#### LES HOMMES.

          Comptez sur nous, etc.

*A la fin du trio les Hommes sont disposés et cachés
en différents endroits par le Prêtre, qui les conduit
et se retire.*

#### DAMOPHILE, *seule.*

O toi que je perdis en perdant la victoire !

Toi, qui pour un laurier arraché de mon front,

Sans pitié m'accablant du plus cruel affront,

Oublias de longs jours et d'amour et de gloire !

Alcée, objet de mes plus tendres vœux,

Tremble ! je tiens en ma puissance

Et l'objet de ma haine et celui de tes feux,

Et je sens qu'il ne reste à mon cœur malheureux,

Que la fureur et la vengeance.

Sombre et rêveur, Phaon s'avance,

Cléis ne peut tarder, tous les deux sans espoir,

Pour la dernière fois ils pensent se revoir ;

Mais je compte sur leur faiblesse :

Si l'amour me trahit dans ce dernier instant,

Je jure de nouveau qu'au défaut de l'adresse,

La force, de tous deux me rendra la maîtresse :

Tout est prêt pour l'hymen ou pour l'enlèvement.

Observons, écoutons, agissons promptement.

*(Elle se retire à l'écart).*

# SCÈNE II.

**PHAON**, *arrivant à pas lents.*

### RÉCITATIF.

Tout repose, tout dort, la nuit et le silence
De ce séjour encor semblent doubler l'horreur ;
D'un mouvement secret de crainte, de terreur,
J'éprouve, malgré moi, la funeste influence.

# SAPHO.

Je frémis !.... Cependant la tranquille innocence
Goûte au sein du sommeil un calme bienfaiteur;
Sapho, dans une douce et paisible assurance,
Peut-être un songe heureux ajoute à ton erreur.
Tu dors en paix... Tu dors, et moi dans ma douleur
      Ingrat! pour un autre je veille!
Mais n'en accuse point une volage ardeur :
      Sommeille en paix, Sapho, sommeille!
Averti par les Dieux, je viens, malgré mon cœur,
Pour conserver tes jours, renoncer au bonheur.

## AIR :

    O douloureux sacrifice !
     Cléis, il faut donc nous fuir;
Toi-même as prononcé l'arrêt de mon supplice,
Et mon cœur attendri n'a pu te démentir.
     Mais je vais la revoir encore;
     Oui, je vais entendre sa voix;
     Je vais lui dire : je t'adore.
     Oui, je vais la revoir encore....
     Mais c'est pour la dernière fois.

     O douloureux ! etc.

     Non, non, fuyez transport coupable,
     Ingrat amour, lâche desir,
     De cet oracle redoutable,
     Oui, chaque mot me fait frémir.
     La terreur me suit et m'agite,

En vain je veux braver le sort,

Contre moi l'univers s'irrite,

Je vois Sapho, je vois la mort. . . .

Sapho, pardonne, si j'hésite,

Laisse-moi soupirer encor,

Ce soupir, que l'amour excite,

De l'amour est le dernier tort.

# SCÈNE III.

## DAMOPHILE, CLÉIS, PHAON.

*Phaon et Cléis se regardent tristement, se montrent le rocher, veulent se parler; se rapprochent, et s'arrêtent; Damophile soutient Cléis et l'encourage.*

PHAON.

Eh bien! Cléis!...

CLÉIS.

C'en est donc fait, Phaon?

PHAON.

Oui, je serai malheureux!...

CLÉIS.

　　　　　　　　Non,

Ne crois pas que l'amour toujours ainsi t'outrage!

Les Dieux protégeront cet effort généreux,

Tu ne seras point malheureux.

Ah ! c'est le seul espoir qui soutient mon courage !

PHAON.

Quoi ! faudra-t-il même à tes yeux ....
D'un autre hymen former les nœuds ?
Non !

CLÉIS.

Qu'oses-tu penser ? l'oracle irrévocable
Qui promet à Sapho la fin de son tourment,
Dit assez qu'il faut être infidèle ou coupable ;
Qui peut finir ses maux ? La mort, ou son amant.

DAMOPHILE.

Dites plutôt l'hymen que le sort vous ordonne ;
Lorsque l'espoir nous fuit, l'amour nous abandonne.
Osez former vos nœuds, bravez ce vain effroi ;
De la nécessité Sapho suivra la loi.

CLÉIS.

Si je m'abuse, hélas ! que le ciel me pardonne !
Mais je ne puis dompter mes noirs pressentiments.

PHAON.

Ciel !

CLÉIS.

Tu peux hésiter ; à ta reconnaissance
Sapho n'a d'autres droits que des feux trop constants :
Mais moi ! moi, qui lui dois jusqu'à mon existence,

Je pourrais !... Loin de moi ces indignes forfaits !

Par l'amour, la douleur, je serai poursuivie ;

Ce sacrifice affreux peut me coûter la vie, ...

Mais l'ombre de Sapho ne se plaindra jamais

Que son enfant chérie oublia ses bienfaits.

### DUO.

#### CLÉIS ET PHAON.

Jurons, jurons, par l'amour même,

De renoncer à notre amour.

Jurons, jurons, par l'amour même,

De nous séparer sans retour.

#### PHAON.

C'est dans les mains de ce que j'aime

Que je dépose ce serment.

Puisse des Dieux la justice suprême

Favoriser ce parjure innocent !

*( Damophile avertit ses complices ; ils s'approchent*
*doucement ).*

#### CLÉIS.

Adieu !

#### PHAON.

Cher objet de ma flamme !

Faut-il nous séparer ?

#### CLÉIS.

Adieu !

PHAON.

Quel désespoir affreux vient agiter mon ame!

CLÉIS.

De mon amour pour toi , reçois encor l'aveu....

ENSEMBLE.

Adieu! Adieu!

# SCÈNE IV.

LES PRÉCÉDENTS, DAMOPHILE, LES HOMMES.

*(Les hommes saisissent Cléis et Phaon, et les en-*
*traînent vers la mer ; ils se débattent).*

CLÉIS.

Ciel!

PHAON.

O ciel! Que faites-vous?

LES HOMMES. { Cédez!
DAMOPHILE. { Cédons!

CLÉIS.

Grands dieux!

LES HOMMES.

Suivez-nous.

PHAON

Vous abusez....

LES HOMMES.

Suivez-nous.

### CLÉIS ET PHAON.

Non, non!

LES HOMMES. { Craignez la résistance....
DAMOPHILE. { Quelle inutile résistance!

### CLÉIS.

Phaon!.... Je tombe à vos genoux!

### PHAON.

Ah! respectez son innocence!

### LES HOMMES.

Suivez-nous.

### PHAON.

De cette indigne violence

Qu'attendez-vous?

(*On les entraîne*).

### CLÉIS.

Au secours! au secours!

### PHAON.

Lâches, que faites-vous?

### LES HOMMES.

Suivez-nous,

Embarquez-vous.

*On les embarque, ainsi que Damophile. Dès qu'ils ont disparu, on entend une musique agréable.*)

## SCÈNE V.

SAPHO, STÉSICHORE, ÉRINNE, UNE LEUCADIENNE, ÉLÈVES, LEUCADIENNES. ENFANTS.

*Le jour paraît. Marche de Leucadiennes habillées en blanc, et portant sur la tête des corbeilles pleines de fleurs; deux de celles qui ouvrent la marche portent la statue de l'amour, et deux autres celle de l'hymen: elles posent les statues devant le temple. Sapho, couronnée de fleurs et vêtue de blanc, paraît au milieu de la marche; elle est précédée par deux enfants, dont l'un porte une corbeille où sont deux tourterelles, et l'autre un vase où brûle le feu sacré. Ses élèves la suivent, tenant des lyres et autres instruments antiques. Stésichore et Érinne la conduisent. Elle cherche Phaon avec un peu d'inquiétude.*

SAPHO.

Mais pourquoi dans ces lieux Phaon ne vient-il pas?

Qui pourrait retenir ses pas?

Le soleil va bientôt commencer sa carrière :

Quand je devance la lumière,

Phaon doit-il l'attendre? Hélas !

UNE LEUCADIENNE.

Dissipez ces frayeurs à vos vœux si contraires ;

A l'instant votre amant va paraître en ces lieux ;

Nos pères, nos époux, nos amis et nos frères,
Vont venir avec lui prendre part à nos jeux.

SAPHO.

ARIETTE.

Amour, hymen, partagez mon ivresse,

Sur cet autel descendez à ma voix ;

Et dans ces lieux, effroi de la tendresse,

Unissez-vous pour la première fois !

*(L'enfant qui porte le feu sacré le présente à Sapho,*
*qui l'offre aux Dieux).*

SAPHO.

Du feu sacré qu'ici je vous présente,

L'emblême heureux vous peindra mes souhaits :

Que de Phaon la tendresse constante,

Ainsi que lui, ne s'éteigne jamais.

**ÉRINNE,** *présentant les tourterelles à Sapho.*

Immolez ces deux tourterelles ;

Que l'encens monte vers les cieux ;

Immolez ces oiseaux fidèles,

Achevez de fléchir les Dieux.

Vous êtes tendre et constante comme elles.

Ce sacrifice est digne de vos feux.

*Sapho prend les tourterelles et s'apprête à les immoler,*
*mais tout-à-coup elle hésite, s'arrête, le couteau*
*échappe de sa main.*

S A P H O.

Mais quoi ! prête à frapper, j'hésite.... je m'égare....
J'éprouve un mouvement soudain....
Le fer échappe de ma main,
La pitié, malgré moi, de mon ame s'empare....
Ces innocents oiseaux, sans doute sont amants,
Leurs regards, leur effroi, leurs murmures touchants,
En eux, oui, tout semble me dire
De ne point les priver d'un bonheur où j'aspire.
Quoi donc, faut-il pour plaire aux Dieux,
Faut-il leur présenter des victimes sanglantes ?
Peuvent-ils sans horreur ici jetter les yeux
Sur des entrailles palpitantes
Dont le sang fume devant eux ?
Faut-il pour les toucher détruire leur ouvrage ?
Non, non ! osons braver un si barbare usage,
Par l'excès de l'erreur excusé jusqu'ici ;
Que tout avec Sapho soit heureux aujourd'hui !
Et que l'humanité cessant d'être outragée,
Par le bonheur de tous se trouve enfin vengée !
Et vous, tendres oiseaux, symboles de l'amour,
Non, ce n'est pas assez de vous rendre le jour ;
Qu'un bien, plus doux encor, soit à votre tendresse
Le gage précieux de la félicité :

Reprenez votre liberté,

Et portez jusqu’aux cieux votre amoureuse ivresse.

(*Elle leur donne la liberté, ils s’envolent*).

(*Elle commence à s’inquiéter; il paraît quelques éclairs*).

SAPHO.

Il ne vient point encore ! oui, de l’inquiétude

On se fait, je le vois, la funeste habitude.

Du bonheur qui m’attend je ne puis plus douter....

Et je n’en doute point.... pourtant, faible mortelle,

Ce retard innocent venait me tourmenter,

Et mon esprit, saisi d’une frayeur nouvelle,

Par la crainte déja se laissait emporter....

Ah ! que l’erreur des sens souvent nous rend à plaindre !

STÉSICHORE.

Lorsque tout est pour vous, que pouvez-vous donc craindre?

SAPHO.

Rien ; mais prête à jouir d’un bien si desiré,

Il semble qu’étonné d’un bonheur qui l’oppresse,

Mon cœur, par l’amour égaré,

Cherche à se replonger lui-même en sa tristesse,

Pour goûter le plaisir d’être encor rassuré....

Mais j’ai tort, je l’avoue, excusez, ô mon père !

STÉSICHORE.

Ah ! que j’aime à vous voir vous condamner ainsi !

Il est donc vrai qu'enfin la raison vous éclaire.

S A P H O.

Oui... Mais pourquoi Phaon ?... Que dis-je.... le voici !

# SCÈNE VI.

LES PRÉCÉDENTS, LEUCADIENS, UN PRÊTRE·

*Les Leucadiens arrivent. Sapho s'élance vers eux, et
cherche Phaon avec une inquiétude qui ne tarde pas
à être au comble. Les Leucadiens évitent de lui répondre, les éclairs continuent, le temps devient
sombre.*

S A P H O.

Mais.... Je ne le vois point ! Que faut-il que je pense ?...

Mes amis, répondez !... Dieux ! quel affreux silence !...

Par pitié dites-moi.... Phaon est-il ici ?

LE PRÊTRE.

A vous ravir l'espoir c'est en vain que j'hésite,

Votre malheur paraît trop certain à nos yeux,

Phaon avec Cléis, sans doute, a pris la fuite,

Il n'est point dans ces lieux.    *(Il sort).*

S A P H O, *avec un effroi concentré.*

    Il n'est point dans ces lieux !

*( Après un sourire forcé).*

Il n'est point dans ces lieux !....

    *( Elle tombe à terre, évanouie).*

STÉSICHORE, *la relevant et la mettant dans les bras des femmes.*

Secourez-la ! grands Dieux !
Mes amis, mes enfants ! ne perdons pas courage,
          Eloignez d'ici cette image,
Qui lui rappellerait son malheureux destin ;

     ( *On emporte les ornements de la fête* ).

Et vous, cherchez encor l'ingrat qui la délaisse,
Que vos cris douloureux le poursuivent sans cesse ;
S'il ne vient, de Sapho le trépas est certain.
Allez, amis, allez.

          ( *Quelques Leucadiens sortent* ).

     ( *A Sapho* ).   Vous, qui m'êtes si chère,
Vous, ma fille, pourquoi ce silence effrayant ?
          Affligez-vous avec un père,
Et qu'il puisse du moins consoler son enfant.

     SAPHO, *brusquement et d'un air égaré.*

Pourquoi vous affliger ?... moi, je me sens tranquille ;
Je n'ai plus, dans mon sein, cette flamme inutile,
Cet amour dévorant qui me suivait par-tout :
Au contraire.... J'y sens un frisson.... une glace....
Un poids... qui cependant me gêne et m'embarrasse...
Je ne sais, mais je crois que je souffre beaucoup....

STÉSICHORE.

Que sur notre amitié votre cœur se repose.

SAPHO, *sans l'écouter.*

Un jour, je lui dirai la douleur qu'il me cause,

(*Elle montre le ciel, puis le rocher*).

Je lui dirai... Là haut.... Là bas... Par-tout... Ici !...
N'est-il point là ?... Je le vois !... oui...
Que me disiez-vous donc ?... Non, non, ce n'est pas lui!...
Ce n'est pas lui.... Ce n'est rien.... Je frissonne ;
Il n'est point là !... Cependant je le voi....
Je le vois, là....

(*Elle chancelle*).

Non, non... Ma force m'abandonne...
Adieu, Phaon.... je meurs... pour toi !...

FINALE.

LE CHŒUR.

Hélas ! elle retombe encore,
Elle va mourir dans nos bras.

(*Il tonne*).

SAPHO, *revenant, puis retombant.*

Où suis-je ?...

LE CHŒUR.

O dieux, que notre voix implore,
O dieux, sauvez-la du trépas !

S A P H O.

Où suis-je?... Ce rocher.... Ce feu qui me dévore!...

LE CHOEUR.

Elle va mourir dans nos bras !

(*Le tonnerre cesse*).

S A P H O.

Que faisons-nous ici? tout m'y déplaît.... m'y gêne,

Ce monde, autour de moi, me fatigue et me peine....

(*Elle les repousse*).

Eloignez-vous !

LE CHOEUR.

Non, non !

S A P H O.

Pourquoi suivre mes pas?

LE CHOEUR.

Hélas !

S A P H O, *avec étonnement*.

M'est-il donc arrivé quelque peine nouvelle?...

(*Elle porte la main sur son front*).

Je le crois.... Cependant je ne m'en souviens pas...

(*Elle cherche à rappeler ses idées*).

Mais.... n'est-ce pas ici qu'une chaîne éternelle,

Après tant de tourments, doit me mettre en ses bras?...

(*Elle réfléchit un instant, puis, rassemblant tout le
monde autour d'elle, elle dit vivement*):

18.

Ecoutez, mes amis, une chose effrayante

Et qui me glace encor de crainte et de terreur....

Tandis que sur ces bords l'amitié complaisante

Me laissait du sommeil savourer la douceur,

Un songe, un rêve affreux, a porté l'épouvante

Jusques dans le fond de mon cœur....

Là, dans cet endroit où nous sommes,

Il m'a semblé voir arriver des hommes,

Pâles, défaits, la terreur dans les yeux,

Qui me disaient.... Il n'est point dans ces lieux !...

Tenez, j'en frissonne encore....

J'ai senti dans mon cœur un coup si violent....

Que depuis cet instant j'ignore

Ce que j'ai pu faire, et comment

J'attends encor celui qui m'aime et que j'adore.

Pourtant je me souviens que des cris douloureux,

De longs gémissements, des éclats de tonnerre,

Semblaient annoncer que les Dieux

Voulaient avec l'amour anéantir la terre....

Eh bien ! n'est-il pas vrai que ce rêve est affreux ?...

(*Il fait un coup de tonnerre, elle paraît frappée*).

Mais qu'entends-je ? Quel coup !

(*Elle se rassure*).

Non, non, c'était un songe...

(*Il tonne plus fort*).

Ciel! il redouble!.... Amis, amis, répondez donc!....

Le tonnerre et vos pleurs ne sont pas un mensonge.

Que faut-il croire de Phaon?....

(*Elle marche avec agitation*).

Je le vois, j'ai perdu Phaon!

O douleur mortelle!

Il est infidèle,

Phaon, Phaon!

Répond....

(*Elle va vers le rocher, on l'arrête*).

Mourons.

LE CHOEUR.

Non, non,

Des dieux entendez le tonnerre.

SAPHO.

Que m'importe leur colère

Quand ils m'ont ravi Phaon!

LE CHOEUR.

Ah! rappelez votre raison!

SAPHO.

Je ne vois plus que la mort ou Phaon.

LE CHOEUR.

La mort!...

SAPHO.

Oui, la mort, ou Phaon!...

(*Phaon et Cléis paraissent, ballottés par les flots*).

**LE CHOEUR** *s'écrie :*

Le voilà ! le voilà !

**SAPHO** *s'élance sur le bord de la mer, puis recule avec horreur.*

Ciel ! Cléis, Damophile !

O trahison !

**LE CHOEUR.**

Ils vont périr. . . .

*(le tonnerre roule).*

**SAPHO.**

Sauvez-les, sauvez-les, c'est à moi de mourir !

**LE CHOEUR.**

Le secours est inutile.

**SAPHO.**

Sauvez-les, sauvez-les, c'est à moi de mourir !

**LE CHOEUR.**

Ah ! calmez-vous.

**SAPHO.**

Je veux mourir.

**LE CHOEUR.**

Voyez nos pleurs, voyez nos larmes,
Notre amitié pour vous n'a-t-elle plus de charmes !
Ah ! Sapho, laissez-vous fléchir !

**SAPHO.**

Non, non, je veux mourir.

## SCÈNE VII.

**LES PRÉCÉDENTS, LE GRAND PRÈTRE, PRÊTRES.**

*(Les prêtres sortent du temple, le Grand Prêtre à leur tête. Chacun s'arrête et s'incline, deux prêtres retiennent Stésichore.)*

Arrêtez, arrêtez, que faites-vous, profanes ?

### LE CHOEUR ET STÉSICHORE.

Nous la sauvons de sa fureur.

### LE PRÊTRE.

Des dieux nous sommes les organes;

Nous autorisons sa fureur.

### STÉSICHORE.

Barbares, barbares!

### LES PRÊTRES.

Profanes,

Craignez un dieu vengeur.

*( Le tonnerre roule ).*

*(Stésichore se débat en vain; le Chœur intimidé cesse de s'opposer au passage de Sapho. Elle profite de cet instant, et monte avec rapidité au haut du rocher ).*

**SAPHO,** *montant sur le rocher.*

O dieux, pardonnez-lui son crime,

C'est l'amour seul qui l'égara ;

Contentez-vous d'une victime,

Voilà Sapho, recevez-la.

*(Elle s'élance, le Chœur jette un cri d'effroï, les prêtres se retirent ; moment de silence ).*

# SAPHO.

## SCÈNE VIII.

### STÉSICHORE, ÉRINNE, ÉLÈVES,
#### LEUCADIENS ET LEUCADIENNES.

STÉSICHORE, *avec la plus grande indignation, les bras élevés vers le ciel.*

O dieux qui nous donnez la vie,
Dieux justes et puissants, souffrirez-vous en paix,
Que d'indignes mortels, comblés de vos bienfaits,
De votre nom sacré voilant leur barbarie,
Osent vous imputer ces horribles forfaits?
 Vengez le ciel, vengez la terre,
 Vengez l'amour, l'humanité;
 O dieux, pourquoi votre tonnerre
 N'a-t-il pas encore éclaté?

#### LE CHOEUR.

Vengez le ciel, vengez la terre,
Vengez l'amour, l'humanité, etc.

#### STÉSICHORE.

Que votre foudre les abyme,
Qu'ils périssent tous sans retour,
Et ne souffrez plus que le crime
Profite des torts de l'amour!

#### LE CHOEUR.

Que votre foudre les abyme,
Qu'ils périssent tous sans retour, etc.

Vengez le ciel, vengez la terre,
Vengez l'amour, l'humanité, etc.

*(La foudre éclate sur le temple, la barque qui porte
Phaon, Cléis et Damophile, reparaît ballottée par les
flots, et s'abyme; le temple s'embrâse et s'écroule; il
tombe une pluie de feu).*

## FIN.

# NOTES.

## ÉPITRE AUX FEMMES,

### PAGE 13.

(1) CETTE Épître, ainsi que le Discours sur les dissentions des gens-de-lettres, Sapho, et la plus grande partie de mes Poésies diverses, imprimées avant 1802, ont paru sous le nom que je portais alors (madame Constance P.); quelques petites pièces même, insérées dans des recueils, long-temps avant cette époque, portaient mon nom de famille (mademoiselle de T.); au nombre de ces dernières est la chanson de Bouton de Rose, que je fis dans ma première jeunesse, et sur l'air de *la Baronne*. Ces couplets parurent dans l'almanach des Grâces, où M. Pradère fils les trouva dix ou douze ans après : il y fit un très-joli air, qui leur donna beaucoup de vogue, et c'est ce qui m'a engagée à mettre cette bagatelle dans ce recueil, et à donner ce petit détail.

### PAGE 23.

(2) O toi, qui m'animas de cette pure flamme,
De ce séjour de paix où repose ton ame,
Jette sur mes travaux un regard bienfaisant,
Et bénis ces transports d'un cœur reconnaissant.

M. de Théis, mon père, joignait un talent distingué à

l'érudition la plus vaste. Il a publié dans sa jeunesse, vers 1768, des poésies pleines d'esprit et de sel, entre autres, deux volumes de contes, intitulés *le Singe de La Fontaine*, ouvrage qui lui eût fait une réputation dans ce genre de poésie, s'il y eût mis son nom. On a aussi de lui un volume d'OEuvres diverses et un assez grand nombre de chansons très-agréables, insérées dans différents recueils (1). On remarque en général, dans tout ce qu'il a fait, une gaîté franche, une originalité piquante, et une manière vive et prompte de tourner la pensée, qui réveille et attache, et décèle un vrai talent. Il aimait extrèmement les lettres, et il s'y serait sans doute rendu célèbre, si divers emplois assez graves qu'il eut à remplir, ne l'en eussent détourné, et ne l'eussent fixé en province.

Aux qualités de l'esprit il joignait éminemment celles de l'ame; jamais peut-être personne ne porta si loin l'amour du bon, du beau et du juste, et n'unit tant de brillant à tant de bonté, de droiture et même de bonhomie. Son goût pour la vie simple et philosophique, et sa santé presque toujours souffrante, le décidèrent à se retirer de bonne heure à la campagne, où, près d'une épouse chérie et digne en tout de lui, il vécut en sage, et se dévoua uniquement à l'éducation de ses enfants.

Il finit son honorable carrière à l'âge de 58 ans, et laissa des regrets éternels, non-seulement dans le cœur de sa famille, mais dans celui de toutes les personnes qui l'ont connu et apprécié.

(1) Ces ouvrages ont paru chez Cailleau, imprimeur-libraire. rue Galande, à Paris

# ÉPITRE A UN JEUNE AUTEUR,

## SUR L'INDÉPENDANCE ET LES DEVOIRS DE L'HOMME DE LETTRES,

### PAGE 29.

LA question proposée par l'Institut, en 1805 (1), me donna l'idée de faire cette épitre, il me sembla d'abord qu'un sujet si riche ne devait m'offrir que peu de difficultés ; mais en y réfléchissant, je m'aperçus, au contraire, qu'il en présentait un grand nombre.

Sans doute l'homme de lettres doit être indépendant, sous beaucoup de rapports, mais l'homme social est dépendant de tout : ces deux caractères ne peuvent être séparés dans le littérateur, quel qu'il soit. Dès que l'on veut le considérer isolément, on ne trouve plus en lui qu'un être inutile, emporté par le desir de se faire un nom, et il devient presque impossible d'établir son indépendance sur des bases raisonnables.

Ces considérations m'ont fait penser que je devais, avant tout, prouver que l'homme de lettres fait partie de la société, comme homme de lettres ; que ses lumières sont nécessaires au bien général, que l'emploi de son talent est pour lui un devoir, et que ne pouvant faire usage de ce talent sans indépendance, il doit être libre pour s'acquitter de son honorable tâche, de même que l'homme gagé doit être soumis pour bien remplir la sienne.

(1) L'Indépendance de l'homme de lettres.

Ce principe établi, je me crus autorisée à dire que l'homme de lettres était *indépendant*; j'avais fait plus, j'avais cherché à prouver qu'il existait une sorte de destinée qui nous forçait à embrasser un état plutôt qu'un autre, et que, par conséquent, le sentiment de l'indépendance était pour l'homme de lettres un sentiment involontaire; mais ce raisonnement, trop analytique, faisant languir le sujet, j'ai cru devoir le supprimer. Je ne puis résister pourtant au desir de le rappeler ici : après avoir peint cet enthousiasme de l'homme de lettres qui lui fait négliger même son bonheur pour se livrer au charme de son travail, j'ajoutais ces vers :

> Mais quoi ! doit-on blâmer cet oubli de soi-même ?
> Ce n'est point au hasard que l'on hait, que l'on aime ;
> La nature ici bas n'a rien fait sans dessein,
> Et chacun à sa place est mis par le destin.
> Nous sommes les chaînons de cette chaîne immense
> Qui de tout l'univers embrasse l'existence ;
> A son rang, à son tour chacun doit s'avancer ;
> Tel est né pour agir, tel autre pour penser ;
> Et lorsqu'à la raison un choix n'est pas contraire,
> Ce que l'on fait le mieux est ce que l'on doit faire ;
> En un mot, l'homme en vain prétend se décider,
> Son instinct, malgré lui, toujours vient le guider :
> Obscur, il craint l'éclat ; faible, il veut qu'on l'enchaîne ;
> Timide, tout l'arrête ; emporté, tout l'entraîne :
> S'il doit aimer les arts, il apporte en naissant
> Les goûts, les qualités propices au talent ;
> Et cette indépendance, en mille autres blâmable,
> Du génie est pour lui le garant respectable.

Que je place ici une réflexion d'un autre genre.

La critique pourra remarquer dans quelques-uns de mes

ouvrages, et principalement dans celui-ci, quelques expressions familières, quelques locutions déja vieillies, que j'emploie assez fréquemment; si c'est une faute, elle est volontaire : il m'a toujours semblé que les pensées naissaient dans l'esprit avec de certaines expressions qui leur étaient propres, et qu'on ne pouvait même améliorer, sans en atténuer l'effet. Admiratrice de *Corneille*, j'ai accoutumé de bonne heure mon oreille à ces tours de phrases pleins et serrés, qui soutiennent l'attention et la pensée, quelquefois aux dépens de la grâce et de l'harmonie, et ce n'est pas sans peine que je vois l'extrême sévérité de la critique restreindre chaque jour le domaine de la poésie, en en retranchant une foule d'expressions si dignes d'y figurer. Mais je m'arrête; une discussion de ce genre menerait trop loin; il me suffit d'avoir indiqué ici cette opinion que j'aurai occasion de développer dans un autre ouvrage.

# ÉPITRE SUR LES INCONVÉNIENTS

## DU SÉJOUR DE LA CAMPAGNE,

### PAGE 46.

LORSQUE je m'occupais de cette épître, M. F. D. m'adressa son élégante traduction des Églogues de Virgile : après l'avoir lue, remplie de mon sujet, je fis la petite pièce de vers suivante, que je lui envoyai.

> En vous lisant, à chaque page,
> Un cœur sensible est enchanté;
> Quand du tendre pasteur vous parlez le langage,
> Dans un monde nouveau l'on se croit transporté;
> Mais l'ami de la vérité,

Bien que vos vers touchants obtiennent son suffrage,
Voit bientôt le revers d'un tableau si vanté,
          Et pour lui cette vaine image
          Fuit devant la réalité.

     Il voit le noir et destructeur orage,
          Troubler les beaux jours de l'été ;
Il voit dans les forêts, et sous l'épais feuillage,
L'insecte dangereux, le froid, l'humidité :
Les vallons, les côteaux, et le verd paturage,
     Ne sont pour lui qu'un lieu triste et sauvage,
          Où, dévoré par un soleil brûlant,
Un villageois grossier maudit à chaque instant
Ce que nous appelons les biens du premier âge.

Mais que dis-je ? pourquoi de vos illusions
          Voudrais-je ici vous ravir l'avantage ?
Suivez, suivez en paix vos inspirations,
Suivez les goûts heureux qui sont votre partage ;
Virgile vous légua son champêtre héritage,
Redites-nous toujours ses vers et ses leçons :
A la ville il est doux de chanter les moutons
          Qui nous ennuieraient au village.

          Pour moi, qui vais voir de plus près
Ces hameaux que l'erreur croit le séjour du sage,
En quittant des plaisirs dont rien ne dédommage,
J'éprouve, malgré moi, des sentiments plus vrais.
          N'espérez donc pas davantage
Par une douce églogue, un touchant entretien,
M'abuser sur les champs que je connais trop bien.
          Je les aime dans votre ouvrage,
C'est tout ce qu'aujourd'hui je puis vous accorder :
     Sachez-moi gré de ce premier hommage,
Car votre talent seul pouvait m'y décider.

M. G. m'adressa aussi des vers très-agréables sur mon Épitre contre la campagne, et dans lesquels, après plusieurs compliments flatteurs, il m'assurait que si la campagne ne me plaisait point, c'est que je n'avais pas occasion d'y *paraître*. Je lui répondis par quelques vers que je crois pouvoir mettre ici, quoiqu'ils s'éloignent un peu du fond de la question.

> Ah ! que vous jugez mal mon esprit et mes goûts,
>> Quand vous croyez qu'il m'est doux de *paraître* ;
>> Les sentiments que j'aime à faire naître
> Sont plus dignes de moi, de mes amis, de vous,
>> Qu'un éclat séduisant peut-être,
> Mais que ternit toujours le sot ou le jaloux.

> Je ne sais si le sort voulut me faire belle ;
>> Mais si je plais, c'en est assez pour moi ;
>> Si par un mot mon esprit se décèle,
> Moi-même je ne sais ni comment, ni pourquoi.
> Sans orgueil, sans calcul et sans coquetterie,
> J'aime à passer mes jours au sein de l'amitié ;
> Mais mon ame, trop vive, aisément est flétrie,
> Chacun de mes plaisirs à tous semble lié,
>> Et je ne vis plus qu'à moitié
> Quand il manque un seul bien au bonheur de ma vie.
> Cherchez dans ce défaut (ou dans cette vertu)
> La source des regrets que je n'ai pu vous taire ;
> Songez que les côteaux, les bois et la fougère,
> Ne valent pas le lieu que toujours on a vu ;
> Et, lorsque je me plains d'être ici solitaire,
> Si vous trouvez encor mon regret superflu,
> Ne me soupçonnez pas de desirer de plaire,
>> Mais d'aimer trop ce qui m'a plu.

# ÉPITRES A SOPHIE,



La crainte de jeter, par trop de détails, un peu de langueur sur la fin de la troisième épître de cet ouvrage, m'en a fait supprimer un assez grand nombre de vers ; comme ils me paraissent cependant renfermer des conseils et des idées que je n'aurai plus occasion de placer dans la seconde partie, je crois devoir les mettre dans cette note : ils font suite au tableau de l'homme de quarante-cinq ans, page 97.

. . . . . . . . . . . . . . . . . . . . . . . . . .

L'âge de ton époux, quoi qu'il ait en partage,
De deux lustres au moins doit surpasser ton âge.
Soit, dans l'ordre éternel, que d'un sexe emporté
Nous devions de bonne heure adoucir l'âpreté,
Ou soit que nos esprits délicats et dociles,
Reconnaissent plutôt les vérités utiles ;
Dans les sensations, la raison, les vertus,
On nous voit dévancer nos maîtres prétendus.
Même dans ses foyers, solitaire, ignorante,
La femme est à vingt ans ce que l'homme est à trente,
Et l'on doit respecter cette proportion,
Qu'indique la nature autant que la raison.

Cependant si le sort, à tes desirs rebelle,
Te laisse, après trente ans, le nom de demoiselle,
Ne vas pas t'obstiner à refuser la foi
D'un époux de ton âge, ou plus jeune que toi.
Il arrive un moment où, dans une ame ardente,
La crainte d'être seule éveille l'épouvante ;
Alors, tout choix est bon s'il est fait par le cœur,
Et l'époux le plus jeune est souvent le meilleur :
Ses penchants, moins formés, ne heurtent point sans cesse
Des goûts déja fixés, dont on n'est plus maîtresse,
Et de quelques erreurs, que l'on feint d'ignorer,

On achète un bonheur qui doit long-temps durer.
Un mari ne craint pas, quand il est raisonnable,
De trouver dans sa femme un censeur favorable,
Qui, joignant l'indulgence aux solides vertus,
Excuse l'imprudence et ne la commet plus.
Sans honte, subjugué par l'ascendant de l'àge,
Il la laisse à son gré gouverner son ménage,
Et, s'il s'élève entre eux un contraire desir,
Il blâme avec douceur, ou cède avec plaisir :
Elle-même, à trente ans par la raison conduite,
D'un bonheur attendu connaissant le mérite,
Par mille petits soins qu'on ne peut définir,
Sait conserver le cœur qu'elle a su conquérir.
Sur son front moins brillant lorsqu'un attrait s'efface,
Quelque moyen de plaire aussitôt le remplace ;
L'amour ne la suit plus, elle sait le chercher ;
Moins sûre de séduire elle aspire à toucher ;
Ce ton d'une beauté, trop sûre d'être aimée,
Ne vient point affaiblir la tendresse alarmée,
Elle n'exige point, elle aime à demander,
Et contre son avis ne craint point de céder.
En un mot, quand un homme est généreux et sage,
Plus il a de pouvoir, moins il en fait usage,
Et cet hymen tardif, bizarre en ses effets,
Plus qu'un autre souvent rend deux cœurs satisfaits.

# POÉSIES DIVERSES.

## PAGE 162.

Au nombre des poésies légères qui ne sont pas dans ce recueil, comme je l'ai dit dans l'avertissement, se trouvent: *la Fièvre*, *la Moitié de Pomme*, *l'Incertitude*, *l'Amant trop peu jaloux*, *le Pardon*, *Vers sur les Vers de Société*, *Fables*, etc. etc.

**FIN DES NOTES.**

# TABLE
## DES MATIÈRES.

FIN DE LA TABLE DES MATIÈRES.

www.ingramcontent.com/pod-product-compliance
Ingram Content Group UK Ltd.
Pitfield, Milton Keynes, MK11 3LW, UK
UKHW021648170726
13836UKWH00005B/2461